# 한국 스포츠 최초의 영웅들

# 한국 스포츠 최초의 영웅들

글 김은식 그림 이해정

사□계절

**머리말**

# 희망, 감동, 용기를 주었던 운동선수들을 만나 보자

'국가 대표'라는 말은 흔히 운동선수들에게 주어지는 이름이야. 정치가나 공무원보다도 오히려 운동선수들에게 나라를 대표하는 일이 자주 맡겨진다는 얘기지. 곰곰 생각해 보면 우리가 '대한민국의 국민'으로서 가슴이 짜릿해지는 걸 느끼는 경우는 대부분 야구나 축구, 농구 같은 종목의 세계 대회에서 우리나라 선수들이 멋진 모습을 보여 줄 때인 것이 사실이잖아.

그렇다면 우리가 나라를 잃었을 때는 어땠을까? 나라가 없으니까 운동선수들은 나라를 대표한다는 생각을 하지 못했고, 또 국민들은 운동선수들이 활약하는 모습을 보면서도 감동받지 못했을까? 아니면 사는 일이 힘들어서 운동경기에 관심을 둘 여유조차 없었을까?

이 책에서는 우리가 나라를 잃었던 시기, 그리고 간신히 나라를 되찾기는 했지만 전쟁과 가난 때문에 지쳐 있던 시기에 우리에게 힘을 준 '스포츠 영웅들'의 이야기를 하려고 해. 그리고 그분들 이야기를 통해, '나라'는 정치가들이 통치권을 다른 나라에 넘겨 버린다고 해서 사라지는 것이 아니라 늘 우리 가슴속에 살아 움직인다는 점을 알 수 있을 거야. 그리고 그런 시절에도 포기하지 않고 멋진 승리를 만들어 낸

운동선수들처럼, 어떤 영역에서든 최선을 다하는 사람은 국민들에게, 또 세상 사람들에게 희망과 감동과 용기를 선물해 줄 수 있다는 점도 알 수 있을 거야.

그럼 지금부터 50년 전, 멀게는 100년 전에 활약했던 멋진 운동선수들 이야기를 하나씩 풀어 볼게.

2019년 4월
글쓴이 김은식

**차례**

**머리말**
4

**1장**
## 스포츠광 질레트 목사, 조선에 스포츠를 전하다
8

**2장**
## 자전거왕 엄복동, 식민지 조선에 용기를 주다
20

**3장**
## 고개 숙인 금메달리스트 손기정, 잃어버린 나라를 생각하다
36

### 4장
## 홈런왕 이영민, 한국 야구의 씨앗을 심다
54

### 5장
## 퇴학생 김용식, 올림픽 축구장에 서다
73

### 6장
## 박신자 선수, 세계 농구 명예의 전당에 오르다
92

# 1
## 스포츠광 질레트 목사, 조선에 스포츠를 전하다

### 일본의 만행을 고발한 미국인 선교사

"종교 활동을 한다는 핑계로 정치 활동을 하거나 불손한 일을 꾸미는 사람들이 있다면, 법에 따라 엄하게 처벌할 수밖에 없다."

데라우치라는 사람이 한국에 도착하자마자 처음으로 한 말이야. 데라우치가 누구냐고? 일본이 식민지로 만든 우리나라를 지배하기 위해 보낸 총독이었지. 그런데 1910년에 데라우치 총독이 조선으로 부임할 때 제일 걱정한 건 바로 일본에 저항하는 사람들이 많다는 점이었어.

일본은 1910년에 조선을 일본과 합치는 내용을 담은 '병합 조약'을 맺어서 우리나라를 완전히 집어삼켰어. 사실 일본은 이미 몇 년 전부터 우리 땅을 멋대로 휘젓고 돌아다녔어. 일본에 저항해 들고일어난 의병을 수천 명이나 학살하고, 또 자기들 말을 고분고분 듣지 않는 정치 지도자들은 잡아 가두었지. 그렇지만 여전히 수많은 사람들이 일본과 맞서 싸우려 한다는 사실을 일본도 잘 알고 있었어.

그래서 데라우치 총독은 한국인들에게 겁을 주려고 음모를 꾸몄어. 데라우치가 부임한 이듬해인 1911년, 일본 경찰은 다음과 같은 내용을 발표했어.

"데라우치 총독을 살해하려고 음모를 꾸민 일당을 체포했다. 2년 전 이토 히로부미를 암살한 안중근의 사촌 동생 안명근을 비롯해 김구, 양기탁, 윤치호, 이승훈, 이동휘 등을 중심으로 한 수백 명이 데라우치 총독 암살을 계획하고 준비했다."

일본 경찰은 한국의 민족 지도자 수백 명을 잡아들여 온갖 고문을 하면서 자백을 강요했어. 그러나 그들이 꾸며 낸 내용이 사실이 될 수는 없었지. 일본인 판사들이 보기에도 경찰의 주장에는 억지가 많았어. 그래서 잡혀갔던 사람들은 대부분 무죄로 풀려났는데, 그중에서 일본에 큰 골칫거리였던 105명은 억울하게 유죄 판결을 받고 감옥에 갇혔어. 이 사건은 우리 역사책에 '105인 사건'이라고 기록되어 있어.

그런데 그때 잡혀간 사람들 중에는 YMCA(기독청년회)라는 단체에 속해서 활동하던 이들이 적지 않았어. 대표적으로는 YMCA 부회장을 맡고 있던 윤치호도 그때 잡혀가서 감옥에 갇혔지. 그래서 YMCA를 이끌던 미국인 선교사 필립 질레트는 105인 사건이 완전히 조작되었다는 사실을 어렵지 않게 알 수 있었어.

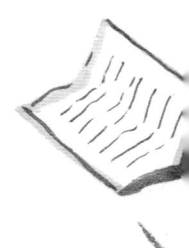

물론 서울에서 종교 단체를 운영하려면 총독부의 말에 고분고분 따르는 것이 가장 좋은 방법이었어. 데라우치가 조선 총독으로 부임하면서 한 말처럼, 마음에 들지 않으면 종교 단체라 해도 단번에 없애 버릴 수 있는 곳이 조선 총독부였거든.

그렇지만 질레트는 양심을 속일 수 없었어. 그래서 105인 사건은 일본 정부의 발표와 달리 거짓이며, 일본이 꾸며 낸 음모라는

내용의 보고서를 써서 세계 선교사 위원회에 보냈어. 불쌍한 조선 사람들을 보호하기 위해 총독을 파견했다는 일본의 선전을 믿는 전 세계 사람들에게 억압 통치의 진실을 알린 거야.

그 사실을 알게 된 일본이 가만있을 리가 없겠지? 1913년 6월에 데라우치 총독은 질레트를 중국으로 쫓아내고, 다시는 한국으로 돌아올 수 없게 막아 버렸어. 한국을 무척이나 사랑해서 '길예태'라는 한국식 이름을 지어 사용한 질레트는 죽을 때까지 다시는 우리 땅을 밟을 수 없었지.

## 한 손에는 성경, 다른 한 손에는 공

YMCA는 1844년 영국에서 만든 기독교 선교 단체야. 그 무렵 영국은 한창 산업 혁명을 겪는 중이었는데, 사람들은 어린아이 때부터 학교에 다니지도 못하고 온종일 공장에서 일하곤 했어. 물론 그렇게 만들어 낸 상품 덕분에 나라는 점점 부강해졌지만, 가난한 젊은이들은 몸도 마음도 병들어 갔지.

그런 젊은이들이 성경을 읽고 기도하는 것도 중요하지만, 모여서 운동하고 건전한 놀이를 즐기는 것도 중요하다고 생각한 이들이 만든 단체가 YMCA야. 그래서 YMCA는 노래와 춤을 만들어서 보급하고, 놀이나 스포츠를 만들고 가르치는 데 힘을 쏟았어. 특히 겨울에 집 안에서만 웅크리고 있는 젊은이들을 위해 농구·배구·피구처럼 실내에서도 즐길 수 있는 여러 스포츠 종목을 직접 만들었지.

질레트는 YMCA의 그런 목적에 딱 어울리는 사람이었어. 어릴 때부터 목사가 되겠다는 꿈을 품고 자란 그는 여느 목사들과 달리 못하는 운동이 없는 스포츠광이었거든. 질레트는 콜로라도대학교에서 신학을 공부할 때도 축구부와 야구부, 테니스부에 가입해서 활동했어. 그중 테니스부에서는 회장을 맡았을 정도니까 정말 대단한 스포츠광이었다고 할 수 있지.

콜로라도대학교를 졸업하고 목사가 된 뒤에는 예일대학교에 입학해 선교사가 되기 위한 훈련을 또다시 받았어. 그곳에서는 신학 외에도 육상·하키·체조·농구·배구 같은 종목을 배우고, 또 해부학·생리학·위생학 등 스포츠와 관련된 과목들도 열심히 공부했어. 질레트는 세계 어느 지역으로 가든 그곳 젊은이들에게 스포츠를 가르치고 함께 즐기면서 기독교를 전파하겠다고 처음부터 마음먹었던 거야.

그런 질레트 목사를 부른 곳이 우리나라였어. 1903년 서울에서 YMCA를 만들 때였지. 질레트는 한국에 부임하자마자 기와집 한 채를 빌려 YMCA 회관으로 사용했는데, 곧 회원 수가 엄청나게 늘자 명동에 3층짜리 건물을 지어 이사했어. 한국에 먼저 와 있던 선교사들이 학교나 교회에서 가르치던 청년들을 YMCA로 보내 주기

도 했지만, 질레트가 그만큼 열심히 일한 덕분이었어. YMCA가 사용하던 기와집에는 '태화관'이라는 고급 식당이 들어오는데, 1919년 3월 1일 우리 민족 대표 33인이 독립 선언서를 발표한 장소가 바로 태화관이야.

한국에 온 질레트의 가방 속에는 야구공, 농구공, 그리고 권투 글러브와 스케이트 같은 스포츠 용품이 잔뜩 들어 있었어. 질레트는 1904년부터 한국 청년들에게 처음으로 야구를 가르쳤고, 3년 뒤인 1907년부터는 농구를 가르쳤어. 이로써 우리나라에서 야구와 농구의 역사가 시작되었지.

## 목사가 된 스포츠광

그렇지만 질레트의 꿈이 모두 이루어진 것은 아니야. 앞에서 말한 것처럼 질레트는 무척 다양한 스포츠를 즐겼지만, 자신이 즐긴 스포츠를 한국 청년들에게 가르칠 시간이 부족했어. 금방 떠나야 했느냐고? 그건 아니야. 1903년 우리나라에 들어온 뒤 1913년 일본에 의해 추방당할 때까지 11년 동안이나 열심히 일했으니까. 그런데 질레트가 서울에 머무르는 동안 아주 큰 사건들이 이어지고, YMCA 회원 청년들도 너무나 많은 일을 겪었어.

1905년에는 일본이 강제로 '을사조약'을 맺어서 우리나라의 외교권을 빼앗아 버렸어. 우리나라를 대신해서 일본이 외국과 조약을 맺고 국제회의에서 발언도 하겠다는 거였지. 1907년에는 우리나라 군사권까지 빼앗아 갔어. 우리나라 군대를 모두 없애 버리고, 일본군이 들어와 대신 지켜 주겠다는 내용이었어. 그리고 1910년에는 껍데기만 남은 나라를 아예 일본에 합친다고 선언해 버렸지.

이런 일이 벌어질 때마다 YMCA 회원들을 비롯한 많은 젊은이들과 지도자들은 분해서 눈물을 흘렸어. 나라가 무너지는데 마음 편히 스포츠를 즐기고 노래와 무용을 배울 수는 없었지.

야구와 농구는 가르쳐 주었지만, 질레트는 축구·하키·테니스·체조·육상 등등 한국인들에게 전해 주고 함께 즐기고 싶었던 다른 종목들은 미처 시작해 보지도 못한 채 이 땅을 떠나야 했어.

질레트는 야구와 농구 말고도 스케이트와 권투 종목을 우리에게 전해 주었지. 갑자기 추방 명령을 받은 질레트는 자기에게 꼭 필요하지 않은 물건을 남겨 두고 중국으로 떠났는데, 그때 두고 간 물건 중에 스케이트화와 권투 글러브가 있었거든. 청년들은 '칼날이 달린 신기한 신발'을 신고 한강 얼음 위를 걸어 보기도 하고, '솜이 잔뜩 들어간 둥그런 장갑'을 끼고 주먹을 휘둘러 보기도 했어. 그게 바로 우리나라 스케이트와 권투의 출발점이었어.

만약 그때 우리나라가 좀 더 평화롭고 안정된 나라였다면 어땠을까? 질레트가 한국의 청년들과 조금만 더 시간을 보낼 수 있었다면 어땠을까? 우리나라 현대 스포츠의 역사가 최소한 10년은 앞당겨지고, 좀 더 빨리 발전할 수 있지 않았을까?

필립 질레트는 목사이자 선교사로 우리 땅에 기독교를 전파하기 위해서 온 미국인이야. 그렇지만 우리 민족의 독립운동에도 많은 도움을 주었어. 또한 무엇보다 우리나라에서 여러 종목의 스포츠

가 시작될 수 있게 해 주었지. 이런 분들의 이름을 기억하고 고마워하는 것이 그 혜택을 누리면서 살아가는 우리의 도리가 아닐까 생각해.

물론 그렇게 시작된 스포츠가 오늘 우리에게 전해지기까지는 정말 수많은 일이 있었어. 질레트를 비롯한 여러 인물이 등장해서 활약했고, 또 헤아릴 수 없이 많은 사건이 벌어져서 사람들을 울게도 하고 웃게도 했지.

자, 그럼 지금부터 그분들에 대해서 차근차근 이야기를 시작해 볼게.

**필립 질레트**
미국에서 온 선교사로, 황성YMCA 초대 총무이다.
우리나라 청년들에게 농구, 야구 등 새로운 운동 종목을 소개해 주었다.
서울YMCA 제공

1920년대에 활동한 YMCA야구단.
서울YMCA 제공

1920년대 동대문에 있는 훈련원 마당에서 야구 시합을 하는 모습. 서울YMCA 제공

1908년 종로에 새로 지은 YMCA 회관.
벽돌로 지은 최신식 3층 건물이었다.
서울YMCA 제공

# 2

## 자전거왕 엄복동, 식민지 조선에 용기를 주다

**부러뜨린 우승기**

"이까짓 우승기를 두었다 뭘 합니까!"

한 선수가 자전거에서 내려 본부석으로 뛰어 올라가더니, 그날 경기의 우승자에게 주려고 세워 둔 우승기를 집어 들고는 무릎에 내려쳐서 '뚝' 분질러 버렸어. 그러자 본부석 쪽에 모여 앉았던 일본인들이 욕설을 하면서 뛰쳐나와 그 선수를 쓰러뜨리고는 짓밟기 시작했지. 그런데 그 광경을 지켜보던 관중 중에는 일본인보다 한국인이 훨씬 많았어.

"엄복동이 일본 놈들에게 맞아 죽는다!"

누가 이렇게 소리치자 수백 명이 벌 떼처럼 달려들어서 일본인들과 뒤엉켜 주먹질과 칼길질을 해 댔어. 자전거 경주가 벌어지던 경기장이 갑자기 엄청난 패싸움판으로 바뀌어 버린 거야. 도대체 무슨 일이 벌어진 걸까?

1920년 5월 2일, 지금은 청와대가 들어선 자리인 경복궁 경무대에서 '경성 시민 대운동회'의 자전거 경주가 열렸어. 그 시절에 자전거 경주는 지금의 프로 야구나 월드컵 축구보다 더 인기 있는 스포츠 종목이었어. 용산의 일본 군부대 연병장이나 장충단 공원에서 벌어지는 큰 대회에는 10만 명이나 되는 사람들이 몰려들어 구경할 정도였지. 우승한 선수에게 주는 상금도 꽤 많아서, 그때 서울에 집 여러 채를 살 수 있을 만큼 큰돈이었어.

자전거 경주가 큰 인기를 모은 데에는 몇 가지 이유가 있었어. 우선 자동차가 드물었던 그 시절에는 자전거만큼 빠른 교통수단이 없었거든. 게다가 자전거는 경찰관이 넉 달치 월급을 모아야 살 수 있을 정도로 비싼 물건이었지. 그러니 자전거를 타고 가장 빨리 달리는 선수를 가리는 대회는 지금으로 치면 자동차 경주만큼이나 박진감 넘치는 볼거리였던 거야. 더구나 그때로서는 최첨단 기술로 만든 기계가 바로 자전거였으니, 그 무렵 가장 신기한 구경거리였다고 할 수 있지.

그런데 수만 명의 사람들을 자전거 경기장으로 모여들게 한 더 중요한 이유가 있었어. 바로 경주할 때마다 늘 일본인 선수들을 누르고 1등으로 들어오는 한국인 선수가 있었기 때문이지. 그 선수

가 바로 엄복동이야.

  엄복동 선수는 1913년 '전 조선 자전차 경기 대회'에서 혜성처럼 등장했어. 그전까지는 자전거 대회가 그렇게까지 큰 인기를 모으지는 못했어. 자전거라는 신기한 탈것을 타고 빠른 속도로 경기장을 빙빙 돌면서 벌이는 경주가 재미있긴 했지만, 1등으로 들어오는 것은 언제나 일본인 선수들이었거든. 한국인보다 일본인이 훨씬 튼튼하고 다리 힘이 좋기 때문은 아니었어. 그 시절에는 일본인이 아니면 그 비싼 자전거를 가질 수 없었고, 자기 자전거가 없으

면 충분히 연습하기 어려웠기 때문이지.

그런데 바로 그때 엄복동이라는 한국인 청년이 나타나서 유명한 일본인 선수들을 넉넉히 따돌린 채 1등을 해 버렸지 뭐야. 엄복동 선수는 서울의 어느 자전거 가게에 근무하는 점원이었는데, 일본인 손님들이 산 자전거를 집까지 배달해 주면서 자전거 연습을 할 수 있었다고 해. 그야말로 실력에 더해 감동적인 사연까지 지닌 스타가 탄생한 거지.

별다른 기대 없이 구경하러 왔던 사람들은 엄복동 선수가 승리

하자 마치 빼앗긴 나라를 되찾기라도 한 것처럼 기뻐했어. 그러고는 경기가 끝난 뒤에도 "엄복동! 엄복동!" 하고 외치며 서울 시내를 돌아다녔지. 엄복동 선수에 대한 소문은 서울 구석구석은 물론이고 온 나라로 순식간에 퍼져 나갔어.

**일본을 이기는 한국인**

엄복동 선수가 등장한 1913년은 우리가 일본에 나라를 빼앗긴 지 3년째 되던 해였어.

처음에는 일본의 사탕발림에 속아서 은근히 기대하는 사람들도 있었다고 해. "동양인끼리 힘을 합쳐서 서양 오랑캐에 맞서야 한다."거나 "서양처럼 근대화할 수 있도록 도와주겠다."는 거짓말, 또는 "못된 양반과 탐관오리들 탓에 고생하던 백성들이 앞으로는 편안하게 살 수 있을 것"이라는 헛된 이야기를 믿는 사람들이 있었던 거야. 무능하고 부패한 관리들과 양반, 지주들의 횡포 때문에 오랫동안 고생한 우리 조상들 중에는 일본의 그런 속임수에 넘어간 사람들도 있었던 거지.

그러나 3년쯤 지난 그 무렵에는 벌써 많은 사람들이 일본의 속셈을 알아차렸어.

사람들은 슬슬 일본에 대한 헛된 기대를 버리고 분노를 쌓아 갔지. 물론 헌병들의 매질이 무서워서 겉으로 드러내지는 못했지만,

속으로는 일본인들을 쫓아내고 싶었어. 바로 그럴 때 엄복동이라는 청년이 나타나서 보란 듯이 일본인들을 이기고 우승기를 휘날린 거야. 그러니 엄복동 선수가 민족의 영웅이 된 이유를 이해할 수 있겠지?

그러나 엄복동 선수의 전성기는 아직 오지 않았어. 첫 우승을 한 1913년에 겨우 스무 살을 갓 넘긴 어린 선수였던 엄복동은 나이를 먹을수록 근육이 단단해지고, 연습을 많이 하면서 더 실력이 좋아졌어. 옛날 신문들을 찾아보면, 엄복동 선수의 우승 소식이 가장 많이 나오는 때는 1920년부터 1923년 사이의 4년 동안이야. 스물여덟 살부터 서른두 살까지, 그러니까 몸도 가장 튼튼하고 기술과 경험도 가장 풍부한 시기였지. 그 4년 동안은 출전하는 대회마다 거의 우승을 휩쓸었다고 해.

엄복동 선수의 인기가 치솟은 것도 그 무렵이었어. 경기 성적도 좋았지만, 사람들은 '일본을 이기는 한국인 영웅'에게 더 열광했거든. 1919년 3월 1일 수백만 명의 한국인들이 태극기를 휘날리며 "조선 독립 만세!"를 외치자, 일본이 헌병과 군인들을 동원해 수백 명을 죽이고 수만 명을 잡아 가두며 짓밟아 버린 일은 다들 알고 있지? 바로 그 3·1운동이 일어나고 얼마 지나지 않은 때인 만큼, 일본을 미워하고 이기고 싶은 마음이 나라 안에 가득했으리라는 것은 충분히 이해할 수 있을 거야.

그런 시기에 일본에 맞서 한국의 승리를 응원할 수 있는 곳이 자전거 경기장뿐이었고, 자전거 경주에서나마 일본인들의 코를 납작하게 만들어 준 유일한 사람이 바로 엄복동이었지. 오죽하면 그때 서울에서 가장 유행한 노래가 엄복동 선수에 관한 노래였겠니?

떴다 보아라 안창남의 비행기
내려다보아라 엄복동의 자전거
이겨라 이겨라 엄복동 선수 이겨라
와 이겼다 일본 놈들을 물리치고 이겼다
만세다 엄복동 최고다
떴다 보아라 안창남의 비행기
내려다보아라 엄복동의 자전거

안창남은 그 무렵 한국인 최초의 비행기 조종사로 유명했던 분이야. 그래서 하늘을 보면 안창남이 조종하는 비행기가 있고, 땅 위를 보면 엄복동이 달리는 자전거가 있다는 가사가 만들어진 거지. 하늘에서도 땅에서도 우리 한국인이 자랑스럽게 달리고 있으니, 보고 힘을 내라는 뜻이었단다. 음반이 나온 것도 아니고, 악보가 전해진 것도 아니야. 그냥 사람들 입에서 입으로 흘러 다닌 노래였어. 하지만 그랬기 때문에 "일본 놈들을 물리치고 이겼다" 같은 내용이 담길 수 있었을 거야. 정확히 누가 만든 노랫말인지 알 수 없으니 일본 경찰들도 어떻게 할 수 없었을 테고 말이야.

## 엄복동과 관중, 일본인들을 혼내 주다

사람들이 엄복동을 특별히 좋아한 또 다른 이유가 있었어. 엄복동은 무시무시한 일본 경찰들 앞에서도 고분고분 고개를 숙이는 사람이 아니었어. 부당한 일을 보면 참지 않았고, 상대가 누구든 달려 나가 항의하기를 주저하지 않았지. 처음에 이야기한 '우승기를 부러뜨린' 일도 엄복동의 그런 성격을 잘 보여 주는 사건이었어.

엄복동이 대회마다 우승을 차지하고, 그럴 때마다 한국인 관중이 노래를 합창하며 열광하는 모습을 보면서 일본은 점점 심각해졌어. 그런 일이 자꾸 반복되면 당시에 우리 땅으로 건너와서 살던 일본인들의 사기가 떨어질 거라고 걱정했지. 또 비록 자전거 경기장일지라도 한국인들이 자꾸 뭉치고 일본을 이길 수 있다는 희망과 용기를 품으면 일본의 식민 통치에 나쁜 영향이 미칠 거라고 생각했어.

그래서 일본은 도쿄의 큰 대회에서 늘 우승하던 최고의 선수들을 서울로 불러오거나, 어차피 우승하기 힘든 선수들을 엄복동의 자전거와 일부러 부딪치게 해서 경주를 방해했어. 그 탓에 엄복동은 경기 도중 여러 번 크게 다치기도 하고, 억울하게 우승을 빼앗긴 적도 있단다.

  그러나 1920년 5월에 열린 경성 시민 대운동회에서는 그렇게 방해했는데도 일본인 선수들은 도저히 엄복동 선수를 따라잡을 수 없었어. 2등으로 달리던 일본인 선수를 엄복동 선수가 여러 바퀴 앞질러 버리면서 사실상 우승이 확실해졌지.

그러자 엄복동 선수에게 또 우승기를 주기 싫었던 일본인 주최자들은 갑자기 경기를 중단시켰어. 엄복동 선수가 한참이나 앞서 있던 경기를 사소한 꼬투리를 잡아서 무효로 만들고, 처음부터 다시 시작하게 한 거야. 만약 월드컵 축구 경기에서 한국이 일본을 상대로 5 대 0쯤으로 앞서고 있는데, 갑자기 주최 측에서 무효니까 처음부터 다시 시작하라고 한다면 기분이 어떻겠니?

엄복동 선수는 여러 해 동안 쌓인 울분이 폭발하고 말았어. 그리고 이런 식이면 우승기가 무슨 소용이냐고 소리 지르며 우승기를 꺾어 버렸지.

엄복동 선수가 일본인들에게 얻어맞는 모습을 본 한국인 관중도 더는 참지 못했어. 수천 명이 들고일어나 달려들자 일본인들은 혼비백산해서 도망치는 수밖에 없었지. 한국인들은 도망치는 일본인들에게 돌멩이를 집어 던지며 한참을 쫓아갔어. 주최 측은 결국 엄복동에게 1등 상을 주겠다며 싹싹 빌고서야 화를 면할 수 있었어.

그것이 일종의 독립운동이었다고 말할 수는 없어. 그렇지만 한국인들이 하나로 뭉쳐서 일본인들의 잘못된 결정에 맞서 싸우고, 끝내 바로잡았다는 점에서 큰 의미가 있어. 그런 경험을 통해서 한국인들은 용기와 희망을 얻었고, 우리가 힘을 모아 싸우면 일본에 짓밟히며 살지 않아도 된다는 사실을 깨우쳤기 때문이야.

## 아시아의 자전거왕

엄복동은 정말 타고난 자전거 선수였던 모양이야. 여러 번 크게 다친 탓에 30대 중반부터는 대회에 자주 나가지 못했지만, 마흔 살에 경기장으로 돌아와 또다시 우승을 했어. 심지어 57세에도 우승한 적이 있을 정도야.

그리고 엄복동은 우리나라뿐 아니라 중국이나 일본에서 열린 대회에까지 나가 우승을 휩쓸어 오곤 했어. 그래서 처음에는 '조선의 자전거왕'이었던 별명이 '아시아의 자전거왕' 또는 '동양의 자전거왕'으로 불어났지. 그 시절 한국인들에게 엄복동은 자랑거리이자 자존심이었고, 희망과 용기를 주는 영웅이었어.

물론 엄복동 선수가 독립운동을 하지는 않았어. 일본을 몰아내

고 우리 민족의 나라를 되찾자고 주장한 적도 없고, 상금을 떼어서 독립운동 자금을 낸 것도 아니야. 엄복동은 그저 열심히 자전거를 탔고, 대회에서 일본인 선수들과 당당하게 겨루어 이겼어. 그리고 자전거 경주에서 부당한 일을 겪으면 일본인들을 상대로 기죽지 않고 항의하며 싸웠을 뿐이야.

하지만 일제 강점기에 그런 엄복동에게서 희망과 용기를 얻은 것은 자전거 경기장에 있던 한국인들만이 아니었어. 엄복동이 자전거 경주에서 이긴 소식은 경기장 밖으로, 나라 밖으로 멀리멀리 퍼져 나갔고, 일본의 지배 아래 고생하던 세계 각지의 한국인들에게 큰 힘이 되어 주었지.

지금도 다르지 않아. 꼭 군인이 돼야만 사람들을 보호할 수 있는 것도 아니고, 꼭 정치를 해야만 사회를 더 낫게 만들 수 있는 것도 아니야. 누구나 자기가 좋아하는 일, 자기가 잘할 수 있는 일을 열심히 하면 가족과 이웃이 행복해지도록 도울 수 있어. 우리나라 사람들이 힘들고 불행했던 100여 년 전, 자전거왕 엄복동 선수가 그랬던 것처럼 말이야.

1923년 '전 조선 자전거 경기 대회'에서 우승한 엄복동. 경기복을 입은 채로 손에는 우승기를 들고 있다.
사진 맨 위에는 엄복동 선수의 별명인 "동양 자전거 왕"이 한자로 적혀 있다.
엄복동기념재단 제공

엄복동 선수가 탔던 경주용 자전거. 1910년에서 1914년 사이에 영국 러지 사에서 제작한 모델기다. 우리나라에서 사용된 가장 오래된 자전거로서 2010년 등록문화재 제466호로 지정도 었다.
문화재청 제공

# 3

## 고개 숙인 금메달리스트 손기정, 잃어버린 나라를 생각하다

**한국인 최초의 금메달리스트**

1992년 여름, 스페인의 바르셀로나에서 제25회 올림픽이 열렸어. 그 대회에서 우리나라는 아주 좋은 성적을 거두고 있었지. 여갑순 선수가 사격에서 대회 첫 번째 금메달을 딴 것을 시작으로 버드민턴, 양궁, 핸드볼 같은 종목에서 모두 11개나 되는 금메달이 쏟아졌거든.

우리나라 선수들이 다들 기대 이상의 성적을 거두고 있어서였을까? 바르셀로나에 머물고 있던 한 노인은 주위 사람들에게 이런 말을 자주 했다고 해.

"이번에는 이상하게 예감이 좋아. 이번만큼은 후배들이 내 한을 풀어 줄 것 같아."

나이가 80세인 그 노인이 풀어야 하는 한이란 무엇일까? 그의 이름은 손기정이야. 1936년 제11회 베를린 올림픽 마라톤 종목에서 금메달을 딴 분이지. 우리 민족으로서 올림픽에서 금메달을 딴 첫 번째 선수가 바로 그였어.

그런데 무슨 한이 남았느냐고? 손기정은 금메달을 따고도 끝내 고개를 들지 못하고 눈물을 흘려야 했거든. 그때 우리나라는 일본의 식민 통치를 받고 있었기 때문에, 손기정은 일본의 국가 대표 선수가 되어 태극기 대신 일장기를 단 유니폼을 입고 시상대에 서야 했어. 손기정은 한국 사람으로서 올림픽에서 금메달을 땄지만 시상대에 태극기가 휘날리는 모습을 보지 못했지. 손기정은 그 한을 56년 동안이나 풀지 못 한 채 살아왔던 거야.

8월 9일, 드디어 그해 올림픽 대회의 마지막 종목인 마라톤 경기가 시작되었어. 8월 9일이라는 날짜를 되새겨 볼수록 손기정은 좋은 느낌이 더 강해졌어. 1936년에 금메달을 딴 그날도 바로 8월 9일이었기 때문이야.

출발 신호가 울리자 72개 나라를 대표하는 선수들 117명이 힘차게 뛰어나갔어. 그날 마라톤 경기가 시작된 시각은 오후 6시 30분. 저녁인데도 기온이 30도가 넘고 습도는 80퍼센트가 넘어 아주 후텁지근했어. 흔히 '찜통더위'라고 일컫는 날씨였지. 그래서였을까? 출발한 지 얼마 안 되어 선수들이 하나둘 뒤처지기 시작했어. 30킬로미터를 지날 때쯤에는 두 선수만이 맨 앞에서 달리고 있었지. 바로 일본의 모리시타 선수와 우리나라의 황영조 선수. 두 선수는 그때부터 40킬로미터 지점까지 금메달을 놓고 끈질긴 대결을 벌였어.

그러다가 결승선이 있는 경기장이 멀찍이 보일 때쯤 가파른 오르막길이 나왔어. '몬주익'이라는 언덕이었지. 벌써 40킬로미터가 넘는 거리를 달려오느라 힘이 빠져 버린 선수들에게 그 언덕을 뛰어오르기란 정말 끔찍할 만큼 힘든 일이었어. 그런데 갑자기 황영조 선수가 온 힘을 다해 앞서 나가기 시작했어. 경쟁자가 힘들어할 때 오히려 더 빠르게 치고 나가 승리를 결정짓는 작전이었지. 깜짝 놀란 모리시타 선수도 안간힘을 쓰며 따라갔지만 소용없었어. 미리 계획하고 준비해 온 선수를 당할 수는 없었으니까. 모리시타 선수는 뒤로 처졌고, 2킬로미터 정도를 맨 앞에서 혼자 질주한 황영조 선수가 제일 먼저 결승선을 통과했어.

바로 그때, 관중석에서 가슴을 졸이며 지켜보던 손기정은 눈물을 쏟고 말았어. 태극기를 가슴에 달고 뛴 젊은이가 드디어 올림픽 마라톤 경기에서 1등을 했으니, 56년 묵은 한이 말끔히 풀려 버린 거야.

　당장 관중석에서 내려와 황영조 선수를 부둥켜안은 손기정은 이렇게 말했어.

　"오늘 내 국적을 되찾은 것이나 마찬가지입니다."

**압록강을 따라 달리는 소년**
손기정은 1912년, 압록강을 경계로 중국과 마주 보는 신의주에서 태어났어. 어릴 적부터 워낙 달리기를 좋아해서 학교에 오갈 때 늘 뛰어다니곤 했대. 그때 집에서 학교까지는 2킬로미터, 그러니까 보통 사람들이 걸으면 40분 정도 걸리는 거리였지. 그 거리를 날마다 뛰어서 오고 가다 보니까 자연스럽게 폐와 다리가 단련된 모양이야. 손기정이 5학년때 그 모습을 본 선생님의 권유로 육상을 시작하여, 1년쯤 제대로 달리는 법을 배웠어.

그런데 손기정은 보통학교(지금의 초등학교)를 졸업한 뒤 상급 학교에 진학할 수 없었어. 집안이 너무 가난해서 취직을 해야 했거든. 손기정은 신의주 시내에 있는 조그만 상점의 점원이 되었어. 그래서 출퇴근할 때나 물건을 배달할 때 달리는 것으로 연습을 대신했지.

스무 살이 되던 해에 손기정은 서울에서 열리는 마라톤 대회에 시험 삼아 참가했는데, 그때 2등을 하면서 정식 선수가 될 기회를 얻었어. 그 대회는 지금까지 이어지고 있는 '동아 마라톤 대회'로, 그때나 지금이나 우리나라에서 열리는 마라톤 대회 중에서는 가장 큰 대회야.

사실 손기정은 1등을 할 수도 있었어. 그런데 초반에 너무 앞서 나간 바람에 길을 잃어버렸지. 그래서 한참을 헤매다가 뒤쫓아 온 다른 선수들과 만난 뒤에야 다시 뛰느라 2등에 머무른 거야. 난생 처음 와 본 서울인 데다가, 요즘처럼 길을 안내 하는 진행 요원들이 많지 않은 시절에 벌어진 웃지 못할 소동이었던 셈이지.

어쨌든 손기정은 이 대회에서 아깝게 2등에 그쳤지만, 달리는 모습을 지켜본 많은 사람들의 주목을 받았어. 그리고 그때 우리나라에서 육상으로 가장 유명했던 양정고등보통학교(지금의 중학교와 고등학교 과정을 합친 학교였어.)에 스카우트되어 다시 학교에 다닐 수 있는 길까지 열렸어.

양정 육상 부원이 된 손기정은 오랜만에 다시 체계적인 훈련을 받으며 달리기에만 전념할 수 있었어. 또 대회가 열릴 서울의

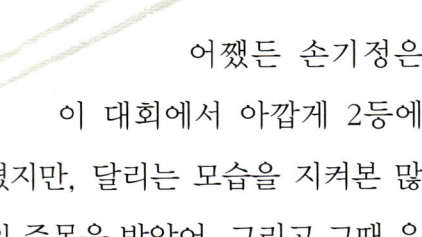

지리도 틈틈이 익혔어. 덕분에 그 이듬해에 열린 제 3회 동아 마라톤 대회에서 손기정은 우승을 차지했지.

다른 걱정 없이 달리기에만 전념하는 손기정을 당해 낼 선수는 우리나라와 일본을 통틀어 아무도 없었어. 동아 마라톤 대회에서 처음으로 우승한 뒤 3년 동안 자그가치 13번이나 대회에 나갔는데, 그중 10번을 우승했을 정도니까.

### 차별과 가난을 이겨 내고 거둔 승리

1936년 독일의 베를린에서 제11회 올림픽이 열렸어. 대회를 앞두고 일본은 대표로 출전할 선수를 뽑아야 했지. 일본 처지에서는 아주 골치 아픈 일이었어. 26년 전인 1910년에 우리나라를 강제로 빼앗은 뒤 조선 사람들도 자신들과 똑같은 일본인이 됐다고 선전해 왔지만, 솔직히 말하면 일본이 정말 그렇게 생각하지는 않았기 때문이야. 일본은 순수한 일본인들만으로 대표 선수단을 만들고 싶었어. 올림픽 대회어서 혹시라도 일본 선수가

조선 선수에게 밀리는 모습을 보고 싶지 않았고, 또 혹시라도 조선 사람들이 메달을 따서 세계 무대에서 박수갈채를 받는 모습은 더더욱 보고 싶지 않았거든. 그런데 적어도 마라톤 종목에서만큼은 손기정과 남승룡이라는 조선 출신의 선수들이 가장 좋은 성적을 내고 있었어. 대표 선발전에서도 나란히 1, 2등을 차지했지.

그러자 일본은 잔꾀를 냈어. 손기정과 남승룡 두 선수를 일단 대표로 뽑긴 했지만, 만약 두 선수가 배탈이라도 나면 대신 뛰게 한다는 핑계로 일본인 후보 선수 두 명을 더 뽑아서 독일로 보낸 거야. 그러고는 올림픽이 열리기 겨우 사흘 전에 다시 한 번 선발전을 치르겠다며 네 명의 선수들을 달리게 했어. 다른 나라 선수들이 체력을 아껴 가며 결전을 준비하던 시간에 오히려 힘을 빼 놓는 바보짓을 한 거지. 42.195킬로미터를 두 시간 넘게 달리는 마라톤은 한 번 경기를 치르면 최소한 몇 달은 체력을 보충하며 쉬어야 할 만큼 힘든 운동인데 말이야.

그러나 일본의 기대와 달리 두 명의 일본인 선수 중 한 명은 더운 날씨에 일찌감치 쓰러져 버렸고, 다른 한 명은 몰래 지름길로 달리는 반칙을 쓰고서도 꼴찌를 면하지 못했어. 손기정과 남승룡, 두 명의 조선인이 나란히 1등과 2등으로 들어오면서 아무도 뒤집을 수 없는 대표 자격을 따냈지.

어쨌든 사흘 뒤 올림픽 대회가 시작했고, 대회 아홉째 날 마라톤 경기가 열렸어. 예정에도 없던 선발전을 치르느라 지친 손기정과 남승룡은 그날 모든 울분을 담아 달렸어. 조선인이라는 이유로, 가난하다는 이유로, 늘 차별받고 고생하고 눈물 흘리던 기억을 곱씹으며 젖 먹던 힘까지 쥐어짜 내서 달렸어. 결과는 어땠을까?

경기를 시작한 지 2시간 28분쯤 지났을 때 경기장에 제일 먼저 들어온 선수는 짧은 머리의 동양 청년, 바로 손기정이었어. 관중이 1등 주자를 향해 엄청난 박수와 환호를 보내자 손기정 선수는 이를 악물더니 더욱 속도를 높여 달렸고, 드디어 2시간 29분 19초라는 기록으로 결승선을 통과했어. 올림픽 신기록이었지. 게다가 경기장에 들어선 뒤로는 얼마나 빨리 달렸던지, 100미터를 13초 만에 들어오는 정도의 속도였대. 경기장을 가득 메운 관중 수만 명의 환호성에 힘이 솟아난 것일까? 아니면 1등은 이미 확정됐지만 좀 더 좋은 기록을 세우고 싶어서였을까?

사실 나중에 손기정 선수가 한 이야기는 좀 엉뚱했어.

"경기장에 들어서서 결승선을 향해 뛰고 있는데, 갑자기 사람들이 큰 소리를 지르더라고. 나는 2등으로 뛰던 영국의 하퍼 선수가 바짝 따라붙어서 그러는 줄 알았어. 그래서 추월당하지 않으려고 죽을힘을 다해 달린 거지."

이미 모든 체력이 바닥나 버린 순간에 다시 속도를 내서 달리는 게 얼마나 힘든 일인지 상상할 수 있을 거야. 그리고 결코 1등을

놓치지 않겠다는 손기정 선수의 마음이 얼마나 간절했는지도 알 수 있겠지.

  손기정 선수가 도착하고 2분 뒤에 영국의 하퍼 선수가 결승선을 통과했고, 다시 20초 뒤에는 남승룡 선수가 결승선에 도착했어. 올림픽 마라톤 금메달과 동메달을 같은 나라의 선수들이 차지해서 세계를 깜짝 놀라게 만들었지.

### 슬픈 금메달

결승선을 1등으로 통과하는 순간만큼은 손기정 선수도 온 세상을 다 가진 것처럼 기뻤을 거야. 그러나 이내 슬픔에 젖어 들었어. 자기 가슴에 달린 국기는 태극기가 아닌 일장기이고, 곧 시상대에서

울려 퍼질 노래는 일본의 국가인「기미가요」라는 것을 떠올렸기 때문이야.

손기정 선수의 머리에는 월계관이 씌워지고, 당시 독일 수상이었던 히틀러가 선물한 월계수 묘목 화분이 주어졌어. 그리고 하늘에는 일장기 두 개가 올라가고, 일본 국가가 울려 퍼졌지. 그러나 금메달을 딴 손기정 선수와 동메달을 딴 남승룡 선수의 표정은 침울하기만 했어. 두 사람 모두 고개를 푹 숙여 어두운 표정을 감췄고, 어깨를 한껏 움츠려 마치 죄 지은 사람 같은 몸짓을 했지.

그때 동메달을 딴 남승룡 선수는 나중에 이렇게 말했어.

"손기정이 그렇게 부러울 수가 없었어. 우승을 해서가 아니라, 우승 선물로 받은 화분을 들고 있었기 때문이야. 손기정은 그 화분으로 가슴의 일장기를 가릴 수 있었지만, 나는 그럴 수가 없었거든."

두 선수는 일장기를 가슴에 달고 선 것이 너무 부끄럽고 슬펐던 거야. 올림픽에서 금메달과 동메달을 따고, 세계를 제패했다는 기쁨마저 잊게 할 정도로 말이지.

그런데 두 선수와 똑같은 마음을 느낀 사람들이 있었어. 며칠 뒤 시상식 사진을 전달받은 서울의 신문사『동아일보』기자들이었지. 체육부 기자 이길용을 비롯한 몇몇 기자들은 사진 속의 일장기를 지우기로 하고, 약품을 묻혀서 일부러 흐릿하게 만든 뒤 신문에 실

었어. 전 세계 사람들이 보는 가운데 일장기를 드높인 사건을 대대적으로 알리고 싶었던 일본 총독부는 곧 여섯 명의 기자를 잡아 가두고, 신문도 한동안 만들지 못하게 했어.

그런데 신문을 본 사람들은 기자들이 일부러 일장기를 지운 사실을 잘 몰랐대. 그때만 해도 신문 용지나 인쇄 기술이 좋지 않아서 사진이 지금처럼 또렷이 보이지 않았기 때문이야. 그래서 사진이 조금 흐릿하긴 해도 별로 이상하게 여기지 않았지.

그렇지만 그 사진은 사람들의 마음을 뭉클하게 만들었어. 지워진 일장기보다도, 마치 죄를 지은 것처럼 고개를 숙이고 슬픈 표정을 한 손기정 선수의 모습만큼은 누구나 분명하게 알 수 있었으니까 말이야.

일본은 손기정과 남승룡 선수를 환영하는 행사를 화려하게 치를 생각이었어. 그리고 꽃다발을 목에 건 두 선수가 "천황 폐하 덕분에 우승할 수 있었고, 세계만방에 대일본 제국의 영광을 떨치고 왔다."는 연설을 하라고 시킬 생각이었지. 그런데 사진에서 일장기를 지운 기자들과 손기정·남승룡 선수의 표정을 보면서 생각을 바꿔야 했어. 만약 두 선수가 일본의 뜻과 달리 "한국인의 우수함을 증명하고 왔다."는 말이라도 한다면, 17년 전 3·1운동 때처럼 독립운동의 불길이 되살아날지 모른다고 걱정했거든.

결국 올림픽 신기록을 세우며 금메달을 딴 손기정 선수는 영웅

대접은커녕 마치 죄인처럼 경찰관에게 끌려오듯이 돌아왔고, 더는 선수로 뛸 수도 없었어. 금메달을 딴 뒤 우리나라로 돌아오기 전까지 독일에 머무르는 동안 손기정 선수는 많은 사람들에게 사인을 부탁받았어. 그럴 때면 '손기정'이라고 적은 다음 한국인이라는 뜻의 'KOREAN(코리안)'을 적어 주거나 우리나라 지도를 그려 주었는데, 어쩌면 일본은 그런 모습을 봤기 때문에 손기정 선수를 두려워했는지도 몰라. 올림픽 마라톤 금메달리스트가 독립운동의 상징이 된다면, 일본으로서는 너무나 괴로운 일이 될 테니까 말이야. 어쨌든 그것은 나라를 잃었던 시절, 우리 민족이 겪은 설움과 분노가 어떤 것이었는지 알게 해 주는 사건이었어.

## 한국인 손기정

그 뒤 9년이 지나 우리나라가 해방됐을 때, 손기정 선수가 제일 먼저 한 일은 올림픽위원회에 기록된 역대 금메달리스트 명단에서 자신의 국적을 '일본'에서 '한국'으로 바꾸는 것이었어. 그러나 그것은 올림픽위원회의 규칙에 어긋난다는 이유로 끝내 받아들여지지 않았어. 그래서 1936년 제11회 올림픽 마라톤 종목의 우승자는 아직도 '일본인 손기정'으로 남아 있어. 자신의 영광스러운 기록을 찾아볼 때마다 '일본인'이라는 꼬리표를 봐야 했던 손기정. 황영조 선수가 금메달을 딸 때까지 풀리지 않은 '56년의 한'이 무엇인지 이제 알 수 있겠지?

손기정은 금메달을 따고 돌아온 뒤 마라톤 지도자로, 또 마라톤 해설가로 활동하면서 후배 선수들을 키우는 데 힘을 쏟았어. 그래서 많은 어린이들이 손기정 선수처럼 되고 싶다는 꿈을 안고 마라톤 선수가 되었고, 올림픽에서 금메달과 은메달을 딴 황영조·이봉주를 비롯한 많은 젊은이들이 손기정 못지않은 훌륭한 선수로 성장할 수 있었지.

손기정 선수가 마라톤 경기를 해설할 때 꼭 강조하던 말이 있어.

"선수들이 가슴에 태극 마크를 달고 있다는 사실을 항상 생각하면서 뛰었으면 좋겠습니다. 그게 얼마나 행복하고 얼마나 중요한지 절대로 잊지 말았으면 좋겠습니다."

'올림픽 금메달리스트'보다도 '한국인'이 되고 싶었던 손기정 선수는 2002년 11월 90세로 돌아가셨어. '한국인 금메달리스트'가 될 수는 없었지만 한국인 마라톤 금메달리스트가 나온 것을 보았기 때문에 아주 편안히 눈을 감으셨을 거야.

나라가 없다는 게 어떤 의미인지, 우리는 충분히 상상하기 힘들어. 그러나 지금부터 약 80년 전 식민지 시기에 살던 사람들에게 '나라 없는 설움'이라는 것은 '금메달을 따고도 눈물을 흘릴 정도로' 큰 슬픔이었다는 사실만큼은 손기정 선수의 시상식 사진을 보면서 생각해 볼 수 있어.

1936년 베를린 올림픽 마라톤 대회의 시상식 장면이다. 손기정 선수와 남승룡 선수의 가슴에 일장기가 선명하게 새겨져 있다.

손기정 선수는 상으로 받은 월계수 묘목을 모교인 양정고등학교에 심었다. 그 묘목이 80여 년이 지난 지금은 손기정기념관 앞뜰에서 큰 나무로 서 있다. 그런데 이 나무는 사실 월계수가 아니라 미국대왕참나무이다.

베를린 올림픽 마라톤 우승자에게 주어진 고대 그리스 청동 투구. 손기정 선수는 대회 당시 급하게 귀국하느라 50년이 지난 뒤에야 받았다.
국립중앙박물관 소장

발끝이 가랑이진 일본식 운동화. 손기정 선수도 베를린 올림픽에서 같은 종류의 운동화를 신고 달렸다.
손기정기념관 소장

# 4

# 홈런왕 이영민, 한국 야구의 씨앗을 심다

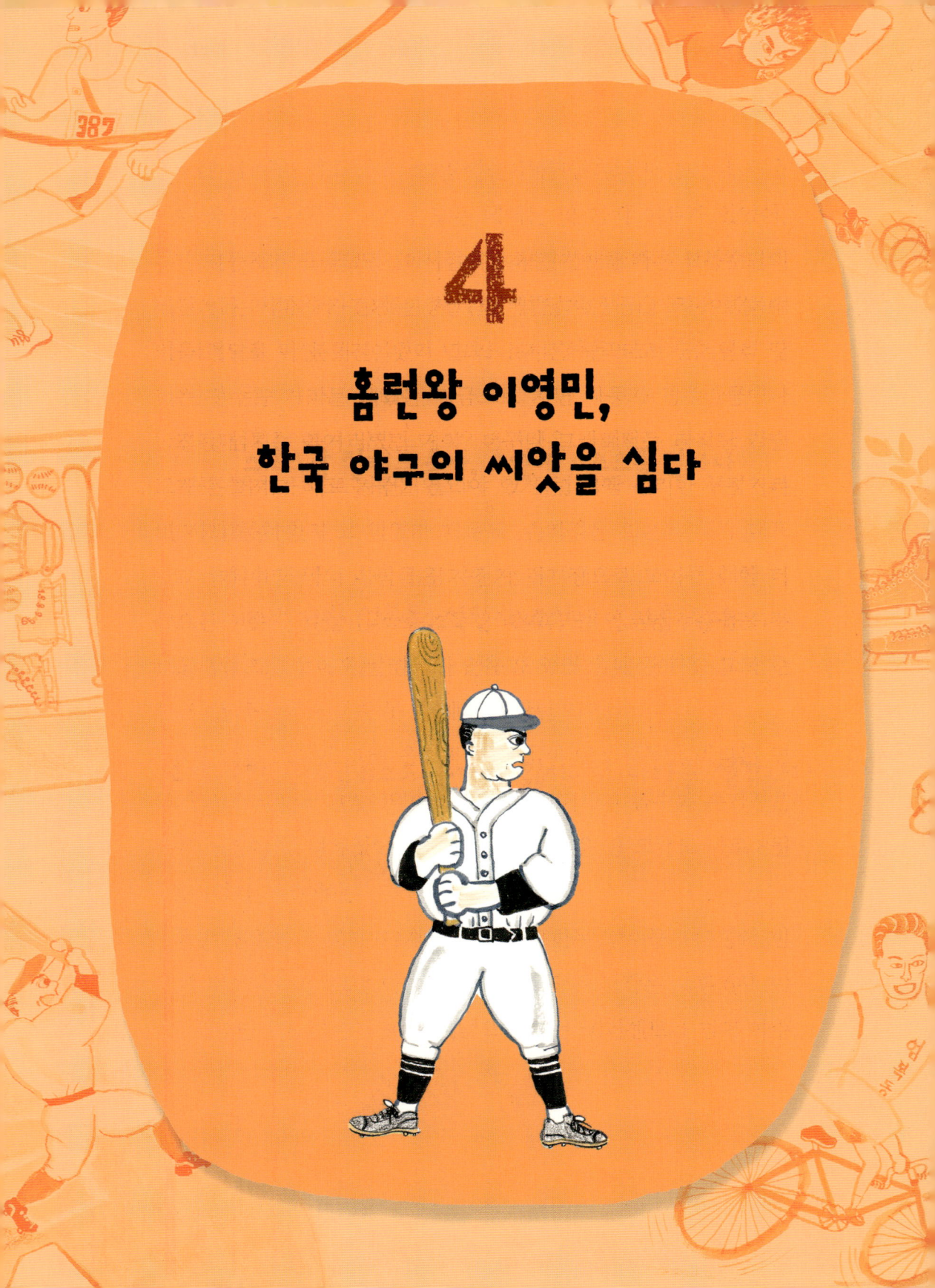

9회 말, 4 대 3으로 한 점을 뒤진 한국 팀의 마지막 공격. 투아웃에 주자는 2루. 타자가 때린 공이 유격수의 키를 살짝 넘는 안타가 되자 2루 주자는 젖 먹던 힘까지 내서 달렸어. 3루를 밟은 다음 홈을 향해서 말이야. 만약 공보다 먼저 홈에 닿기만 한다면 동점을 만들 수 있어. 그러면 역전을 하거나, 못해도 연장전까지 가서 다시 한 번 기회를 만들어 볼 수 있었어.

조금만 더, 조금만 더, 슬라이딩! 뽀얀 먼지를 일으키며 쭉 뻗은 손으로 홈 플레이트를 짚었다고 생각한 순간, 심판의 우렁찬 목소리가 바로 귓가에 들려왔어.

"아웃~!"

좌익수가 집어서 던진 공이 투수가 포수에게 던질 때처럼 직선을 그리며 날아왔고, 2루 주자보다 한 발짝 먼저 포수의 글러브에 꽂혀 있었던 거야. 이렇게 해서 주자는 아웃되었고, 한국 팀의 마지막 공격도 끝나고 말았어. 점수는 4 대 3. 미국 팀의 승리였지.

홈 플레이트 위에 엎드린 2루 주자는 한참 동안 일어서지 못했어. 온통 흙투성이가 된 얼굴에는 땀인지 눈물인지 모를 것이 흘러내리고, 동료 선수들이 와서 일으키려 해도 정신을 잃은 사람처럼 축 늘어지기만 했어. 너무나 아쉽고, 안타깝고, 또 아까웠기 때문이야.

도대체 무슨 사정이 있었던 걸까?

## 씨앗이 된 3점

1946년 8월 16일, 그러니까 우리나라가 일본의 지배에서 벗어난 지 딱 1년과 하루가 지난 날이었어. 그날 서울야구장에서는 '해방 1주년 기념 조미 친선 야구대회'가 열렸어. 해방 1주년을 기념해 우리나라와 미국이 야구 경기를 벌인 거야.

일본은 물러갔지만, 그때까지 우리나라는 스스로 정부를 만들지 못했어. 물론 오래전부터 중국에서 활동해 온 대한민국 임시 정부가 있긴 했지만, 남한에 들어온 미군은 임시 정부를 인정하지 않았어. 그래서 미군이 만든 '군정청'이 정부 역할을 했는데, 한국인과 미국인이 함께 해방 1주년을 기념하는 방법으로 야구 경기를 제안한 거야.

그렇다고 미국에서 국가 대표 팀이 날아온 것은 아니야. 한국에 있는 미군 중에서 야구를 잘하는 사람들을 뽑아 팀을 만들었어. 그런데 미군 중에는 원래 야구 선수로 활약하던 사람이 여러 명 있었어. 또 미국은 야구 규칙을 만들 정도로 야구가 발달해 있었고, 세계에서 가장 부유한 나라였기 때문에 야구 배트나 글러브, 야구공 같은 장비가 넉넉했지.

이에 견주어 우리나라에는 그들과 상대할 만한 실력을 갖춘 선수가 별로 없었어. 그때는 우리나라 사람들이 야구를 배운 지 얼마 안 된 시절이었거든. 우리나라에 야구가 처음 전해진 것은 40년쯤 전, 그러니까 질레트 선교사가 YMCA 회원들에게 야구를 전해 준 1904년이야. 그렇지만 그때는 야구를 제대로 가르쳐 줄 지도자도 없고, 배트나 글러브 같은 장비도 충분하지 않았어. 지금 같은 프로 야구 팀이 없었기 때문에, 선수들이 학교를 졸업하고 취직하면 대부분 계속 연습하기가 어려웠어. 우리나라를 대표하는 선수들이라고 해도 그저 취미로 야구를 즐기는 정도에 지나지 않았다고 할 수 있지.

그래서 그때 한국 대표 팀에는 스무 살이 조금 넘은 젊은 사람부터, 배가 나오고 머리가 훌렁 벗겨진 중년의 아저씨까지 다양한 선수들이 섞여 있었어. 그런데 그 '배 나온 40대 아저씨'가 바로 우리나라 국가 대표 야구팀의 4번 타자였단다.

마흔 살이 넘은 선수가 4번 타자로 나서야 할 만큼 허약했던 우리나라 야구팀과 미군 야구팀 사이에는 중학생과 대학생이 맞붙는 것만큼이나 큰 실력 차이가 났어. 그때 미군 팀을 이끈 잉거프리센 소령은 본래 거들먹거리기를 좋아했던 모양이야. 경기가 시작되기 전에 이런 말을 했어.

"한국 팀은 미군 팀을 이기는 건 고사하고, 한 점도 뽑기 어려울 겁니다. 하하하."

아주 틀린 말은 아니야. 야구에서는 아무리 열심히 해도 실력이 부족한 팀이 강한 상대를 만나 점수를 내기란 쉽지 않거든. 하지만 그런 말을 너무 노골적으로 하면 상대방의 자존심이 상한다는 것까지는 생각을 못했나 봐.

  그 말을 들은 한국 대표가 이렇게 다답했대.

  "우리 속담에 이런 말이 있어요. 길고 짧은 건 대 봐야 안다고."

  그러자 잉거프리센 소령은 다시 이렇게 큰소리를 쳤대.

  "하하하, 그렇습니까? 그럼 한번 더 보기로 합시다. 만약 한국 팀이 우리를 이긴다면 제가 야구 배트 50자루와 공 50다스(600개, 1다스는 12개)를 선물로 드리겠습니다. 아니, 단 1점이라도 얻어 낸다면 1점당 공 10다스(120개)를 드리지요."

그 이야기를 전해 들은 한국 팀 선수들은 자존심이 몹시 상했어. 그리고 반드시 이겨서 거만한 미군의 콧대를 납작하게 눌러 버리자고 약속했어.

그러나 막상 경기가 시작되자 우리나라 선수들은 기가 죽고 말았어. 미군 팀의 실력이 예상보다 훨씬 강했기 때문이야. 경기를 시작하자마자 우리 투수가 던진 첫 번째 공에 미군 팀 1번 타자가 안타를 때렸어. 그에 이어서 2번 타자는 3루타를 때렸고, 3번 타자는 홈런을 날려 버렸어. 경기를 시작한 지 5분도 채 지나지 않았는데 벌써 3 대 0으로 점수 차가 나고 말았지.

그렇다고 계속 얻어맞기만 하지는 않았어. 2회에 교체되어 들어간 장종기 투수가 있는 힘껏 공을 던져 미군 팀의 공격을 잘 막아 냈고, 미군 팀도 조금은 봐주는 기색이 있었거든. 그래서 점수 차가 더 크게 벌어지지는 않았지만, 정말 1점을 얻어 내는 것조차 쉽지 않았어. 4회

말에 미군 팀 수비수의 실수를 틈 타 한 점을 얻어 내서 4 대 1이 되긴 했지만, 더 이상은 점수 차를 좁히지 못했어. 그리고 9회 말 투 아웃. 이제 한 명만 더 아웃당하면 경기가 그대로 끝나는 상황이었어.

그런데 그때 미국 수비수가 다시 한 번 실수해 준 덕분에 주자 한 명이 살아 나가면서 희망의 불씨를 살려 냈어. 그리고 다음 타자가 시원한 3루타를 날려 주자를 홈으로 불러들였지. 이제 4 대 2로 두 점 차에 주자가 3루에 있는 상황이 될 거야. 그리고 드디어 체구가 큼직한 한국 팀 4번 타자가 타석에 들어섰어. 앞에서 말한 마흔두 살의 선수, 이영민이었지. 그러자 경기를 지켜보며 내내 풀 죽어 있던 관중도 함성을 지르며 응원했어. 다른 선수도 아닌 이영민이라면, 충분히 기회를 살릴 수 있으리라고 믿었기 때문이지.

기대는 헛되지 않았어. 이영민 선수는 역시 '국가 대표 4번 타자'라는 이름에 걸맞게 외야수의 키를 넘기는 큼직한 2루타를 날렸어. 3루에 있던 주자가 또다시 홈을 밟으면서 4 대 3, 한 점 차까지 따라붙게 만들었지. 이제는 정말 안타 한 개만 나오면 극적인 동점을 만들 수 있는 상황이었어. 그리고 동점이 된다면 연장전에서 역전승을 노려 볼 수도 있고 말이야.

그 순간 미군 팀의 투수는 아마 잔뜩 긴장했을 거야. 한참 얕봤던 한국 팀에게 동점을 허용한다면 정말 망신스러울 테니까. 반대로 우리나라 5번 타자는 몇 배로 힘이 났겠지. 앞선 타자들이 거짓말처럼 잇달아 큰 안타를 때려 댔으니까 말이야. 그래서였을까? 5번 타자도 안타를 쳐 내는 데 성공했어!

2루에 있던 이영민 선수는 죽을힘을 다해 3루를 돌아 홈까지 달렸어. 사실 주자가 2루에 있을 때 안타가 나오면 1점을 얻는 것은 거의 당연했어. 그때만 해도 우리나라나 일본에는 외야에서 홈까지 정확하게 공을 던질 수 있는 선수가 거의 없었거든. 외야수 자리에서 홈까지 거리는 보통 70미터쯤 되는데, 그 거리에서 포수에게 정확히 공을 던지기란 정말 어려워. 그래서 대개는 외야수가 먼저 2루수나 유격수에게 공을 던지고, 그 선수가 공을 받아서 다시 포수에게 던져 주었어. 그러다 보면 시간이 지체되어 주자가 홈에 들어가는 것을 막기가 힘들었지.

이영민 선수도 당연히 동점이 되리라 생각하며 자신 있게 홈으로 뛰어들었던 거야. 그러나 홈에 거의 다다를 때쯤 공은 벌써 포수의 글러브에 들어가 있었지. 그래서 온 힘을 다해 슬라이딩한 보람도 없이 결국 아웃이 되고 말았어. 미군 팀 외야수는 우리 선수들이 상상도 할 수 없을 만큼 먼 거리에서 빠르고 정확하게 공을 던질 수 있었던 거지.

이영민 선수가 마지막 순간 홈 플레이트에 엎어진 채로 일어서지 못한 이유를 이제 알겠지? 만약 그때 아웃당하지 않았다면 한국 팀은 미군 팀에게서 공 50다스를 받을 수 있었어. 거기에 연장전에서, 역전까지 해낸다면 배트 50자루까지 받아냈겠지. 그런데 그게 한순간에 날아가 버렸거든. 이영민 선수는 그게 너무 아쉬웠던 거야. 그래도 잘 이해되지 않는다고? 국가 대표 선수가 고작 배트와 공을 얻지 못했다고 안타까워하는 게 좀 우습다고?

그럼 배트 50자루와 야구공 50다스의 값이 그때 얼마나 됐는지 알려 줄게. 그 무렵 쌀 한 가마 값이 1만 원쯤이었는데, 야구공 한 다스는 2,500원 정도였대. 배트는 두 자루에 쌀 한 가마와 바꿀 수 있었고. 그러니까 야구공 50다스면 12만 5,000원 정도, 말하자면 쌀 열두 가마 값보다도 큰돈이 되는 거야. 지금 돈으로 계산하면 250만 원 정도가 되는 셈이지. 그리고 배트 50자루는 쌀 25

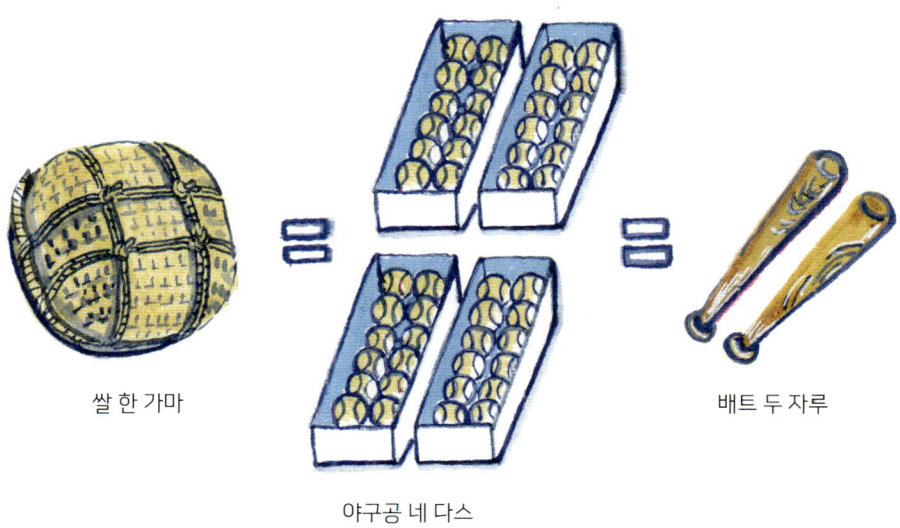

쌀 한 가마 = 야구공 네 다스 = 배트 두 자루

가마에 해당하니까, 지금 돈으로 400만 원이 넘고 말이야. 그때는 우리나라에 야구 장비를 만들 수 있는 공장이 하나도 없었어. 그래서 배트 한 자루, 공 하나도 모두 수입해야 했기 때문에 아주 비쌀 수밖에 없었단다.

쉽게 말해서, 만약 그날 우리나라가 미군 팀을 이겼다면 대략 쌀 40가마 값에 해당하는 야구 장비를 얻을 수 있었던 거야. 이제 막 일본의 지배를 벗어난 그 시절에 그만큼 귀한 장비를 얻었다면 가난한 야구 선수들에게 얼마나 큰 도움이 됐겠니! 그런데 그런 좋은 기회가 바로 눈앞에서 날아가 버렸으니, 좀처럼 일어날 수 없었던 심정을 이해할 만하지?

그렇지만 그날 한국 선수들이 완전히 빈손으로 돌아오지는 않았어. 잉거프리센 소령이 "1점이라도 얻는다면 1점당 공 10다스씩을 주겠다."고 큰소리를 쳐 놓았잖아? 그래서 당당히 야구공 30다스(360개)를 받아 왔는데, 그 야구공 360개가 우리나라 야구 발전에 아주 귀한 씨앗이 되었어. 선수들은 너무나도 소중한 360개의 공을 자기들이 쓰지 않고 은행에 담보로 맡긴 뒤 돈을 빌려서 해마다 전국의 고등학생들이 마음껏 기량을 겨룰 수 있는 야구 대회를 만들었거든. 바로 지금까지 이어지는 '청룡기 고교야구대회'가 바로 그렇게 해서 탄생한 대회야. 비록 실력은 부족했지만 그날 최선을 다해 한 점 한 점 얻어 낸 우리나라 최초의 야구 대표 선수들에게 참 고마운 마음이 드는구나.

**홈런왕 이영민**

그럼 이영민은 도대체 어떤 선수였기에, 그 시절에는 거의 할아버지 취급을 받던 마흔두 살에도 대표 팀에 불려 나왔을까? 얼마나 대단하고 유명하면 그랬을까?

이영민 선수는 대구에서 나고 자랐어. 중학생 때부터 워낙 운동을 잘한다고 소문이 나서 서울의 유명한 학교 선생님들이 일부러 찾아갈 정도였지. 축구·육상·농구 등등 못하는 종목이 없었고, 대회에 나가기만 하면 거의 배운 적이 없는 종목에서도 늘 1등을 차지할 만큼 스포츠 천재였다고 해.

그래서 열아홉 살 때 서울의 명문 학교인 배재고등보통학교(지금의 배재고등학교)에 스카우트돼서 전학을 왔어. 서울로 올라오자마자 육상 대회에 출전해서 400미터 한국 신기록을 세웠고, 얼마 뒤에는 농구와 축구 경기에도 출전하여 팀을 승리로 이끌면서 전국에 이름을 날렸어. 학교에서는 육상이든 농구든 축구든 야구든, 운동 경기가 열릴 때마다 제일 먼저 이영민을 찾았고, 이영민 선수는 나갈 때마다 팀을 우승으로 이끌면서 기대를 저버리지 않았지.

그렇지만 이영민이라는 이름을 가장 널리 알린 곳은 역시 야구장이었어. 고등학교를 졸업하고 연희전문(지금의 연세대학교)에 입학

한 이영민 선수는 새로 만든 야구부에서 활약했는데, 그때 연희전문 팀과 경성의학전문(지금의 서울대학교 의과대학) 팀의 대결은 우리나라에서 가장 인기 있는 야구 경기였어. 1923년 6월 8일, 동대문에 새로 지은 경성운동장의 야구장에서 벌어진 경기에 아주 많은 사람들이 구경을 왔어. 그런데 그날 야구장을 찾은 관중은 정말 신기한 장면을 볼 수 있었어. 이영민 선수가 때린 공이 까마득히 날아가서 야구장 담장을 넘어가 버린 거야. 아주 큰 홈런이었지.

물론 그전에도 홈런을 친 선수들은 있었지만, 그렇게 큰 경기장에서 담장을 훌쩍 넘긴 적은 없었어. 그전까지는 대개 고등학교 운동장에 선을 긋고 야구 경기를 했을 뿐이거든. 그래서 타자가 친 공이 수비수들 사이로 빠져나가 교문 밖까지 굴러가거나 화단 어딘가에 박히면 타자가 홈으로 유유히 들어올 수 있었지. 야구에서는 공이 꼭 담장을 넘지 않더라도 공보다 먼저 주자가 홈에 닿으면 홈런으로 기록되는 법이거든.

1925년에 경성운동장을 지으면서 가운데 담장까지 무려 110미터가 넘는 엄청나게 넓은 야구장이 함께 들어섰어. 그때부터 3년 뒤 이영민 선수가 한국인으로는 처음으로 그 담장을 넘기는 큰 홈런을 보여 준 거야. 그 시절에 그런 홈런을 날릴 수 있는 선수는 이영민뿐이었어. 그래서 이영민 선수가 출전하는 경기에는 관중이 구름같이 몰려들었어. 혹시나 홈런이라는 아주 진귀한 장면을 직

접 볼 수 있지 않을까 하고 기대하면서. 그런 까닭에, 이영민은 모든 종목에서 우리나라 최고의 선수였지만, 사람들은 '이영민' 하면 역시 '야구'를 떠올리고 '야구' 하면 '이영민'을 떠올렸던 거야.

이영민 선수는 우리나라에서만 유명한 게 아니었어. 1934년에 일본은 미국 올스타 팀을 초청해서 '미일전'을 벌였는데, 그때 이영민 선수는 일본 대표 팀에 뽑혀 활약했어. 미국 프로 야구 역사상 최고의 선수로 꼽히는 베이브 루스와 함께 찍은 사진이 전해 오는데, 바로 그 경기에서 함께 겨룰 때야.

## 이영민 타격상

이영민은 그렇게 대단한 선수였어. 어쩌면 우리나라 역사상 최고의 스포츠 천재였는지도 몰라. 그리고 자신의 재능을 정말 아낌없이 발휘해서 우리나라 야구와 축구 발전에 크게 기여했어.

야구협회에서는 이영민 선수의 업적을 기리기 위해 1958년부터 해마다 고등학생 가운데 최고의 타자를 한 명씩 뽑아서 '이영민 타격상'을 주고 있어. 지금까지 이영민 타격상을 받은 선수들 중에는 프로 야구 팀이나 국가 대표 팀에서 큰 인기를 모은 선수들이 많아. 예를 들면 프로 야구 최고의 선수로 꼽히는 최정, 김현수, 하주석 같은 선수들이 모두 고등학생 때 이영민 타격상을 받으면서 이름을 알리기 시작했어.

사람들은 어떤 스포츠 종목을 차근차근 배워 가면서 관심을 두는 경우도 있지만, 아주 천재적인 선수 한 명에게 빠져들면서 관심을 쏟는 경우가 훨씬 많아. 한 종목의 팬이 된 다음에 어떤 선수를 좋아하는 것이 아니라, 어떤 선수의 팬이 된 다음 그 종목에 빠져들 때가 더 흔하다는 얘기지.

미국의 전설적인 야구선수 베이브 루스와 함께 찍은 사진.

이영민은 우리나라 사람들이 처음으로 사랑한 야구 선수야. 지금 우리나라에서 가장 사랑받는 스포츠 종목이 바로 야구인데, 최초의 야구 스타가 이영민 선수였단다. 바로 그런 점에서 이영민 선수를 다룬 이 이야기가 야구를 더 재미있게 느끼도록 해 줄지도 모르겠네.

1930~40년대에 사용된 야구 배트
서울역사박물관 소장

1930년대의 야구공
KBO 소장

1940년대에 사용된
야구신발  KBO 소장

일제 강점기에 지어진 경성운동장의 야구 경기장 모습.
서울역사박물관 소장

# 5

## 퇴학생 김용식, 올림픽 축구장에 서다

**분노의 올림픽**

'전 일본 축구대회'는 해마다 일본의 모든 학교와 단체를 대표하는 팀들이 출전해서 겨루는 최고의 축구 대회였어. 특히 1935년에 열린 대회가 이전의 어느 대회보다 치열했지. 그해에 우승한 팀에게는 이듬해에 열릴 독일 베를린 올림픽에 일본 대표로 출전할 자격을 주었기 때문이야.

그 대회에 출전한 팀 가운데 '경성 팀'이 있었어. '경성'은 일제 강점기에 '서울'을 바꾸어 부른 이름이야. 그러니까 서울 대표 팀이 출전한 거지. 그때는 우리가 일본의 식민지였기 때문에, 서울 팀이 일본의 전국 대회에 출전하고, 우리나라 선수가 일본의 국가 대표로 선발될 수도 있었어.

그 무렵 우리나라에 학교 대표 팀으로는 연희전문·보성전문(지금의 고려대학교)·숭실전문(지금의 숭실대학교)이 축구를 잘하기로 유명했고, 서울과 평양을 대표하는 지역 팀도 전력이 강했어. 그런데 그해만큼은 올림픽 출전이 걸려 있었기 때문에 대부분의 뛰어난 선수들을 경성 팀에 모으기로 했어. 따라서 경성 팀은 사실상 우리나라의 국가 대표 팀이나 마찬가지였지. 경성 팀의 중심은 김용식 선수였고, 야구로 유명하지만 못하는 운동이 없던 이영민 선수도 그해의 경성 축구 팀에 들어 있었어.

일본에도 강한 팀이 많았지만, 축구만큼은 예전부터 일본 선수들이 우리나라 선수들을 따라오지 못했어. 그 무렵 축구협회 회장을 맡았던 독립운동가 여운형 선생은 그 이유를 이렇게 설명한 적이 있어.

"야구는 돈이 없어서 그놈들과 겨루기 힘들지만, 축구는 축구화와 유니폼만 있으면 돼. 돈이 들지 않는 축구에서만큼은 우리가 일본을 이길 수 있어."

야구는 글러브, 배트, 공, 포수 보호대 같은 기본 장비를 갖추는 데만 해도 많은 돈이 필요해. 야구장을 지으려면 엄청나게 많은 돈이 들고. 그런데 축구는 그야말로 운동화와 유니폼만 있으면 할 수 있고, 경기장도 따로 지을 필요 없이 공터에 골대만 세우면 되는 종목이야. 그래서 가난한 한국인들이 열심히 뛰기만 하면 얼마든지 일본인들을 이길 수 있는 종목이 축구였고, 실제로 일본인보다 훨씬 실력 좋은 선수들이 한국인 중에서 많이 나왔어.

그해에도 경성 팀은 나고야고등상업학교 팀을 6 대 0으로 꺾고 결승전에 올라간 다음, 도쿄대학 팀마저 6 대 1로 완전히 누르고 우승을 차지했어. 일본인이 아닌 선수들로 짜여진 팀이 전 일본 축구 대회에서 우승한 것은 그때가 처음이었지. 그렇게 해서 한국인으로만 구성된 팀이 일본 국가 대표 유니폼을 입고 올림픽에 출전하게 된 거야.

그러나 일본축구협회는 절대 그렇게 내버려 둘 생각이 없었어.

"이번 대회 한 경기만으로 실력을 확인하기에는 충분하지 않다. 가을에 열리는 '메이지신궁 대회'에서 다시 한 번 대표 팀을 선발하겠다."

말도 안 되는 소리였지. 하지만 우리 선수들은 묵묵히 따르기로 했어. 그 대회에서도 우승하면 되니까. 그리고 일본에는 우리 경성 팀을 이길 수 있는 팀이 없었으니까.

드디어 그해 가을에 열린 메이지신궁 대회에서 경성 팀은 정말 단 한 경기도 지지 않고 결승전에 올랐어. 결승전에서는 일본 전통의 강팀인 와세다대학을 2 대 0으로 누르고 우승했어. 그야말로 아무도 시비를 걸 수 없는 완벽한 우승이었지.

그런데 일본축구협회는 이번에도 순순히 받아들이지 않았어.

"올림픽은 아주 중요한 대회이기 때문에, 한 팀이 나가기보다는 여러 팀에서 가장 훌륭한 선수들을 뽑아 최고의 팀을 구성하기로 결정했다."

우리 선수들은 화가 치밀었지만 어쩔 수 없었어. 나라를 잃은 서러운 처지에서는 일본인들이 아무리 부당하고 잘못된 주장을 해도 제대로 항의하거나 바로잡을 힘이 없었거든.

그렇지만 아무리 억지를 부려도 우리 선수들 대부분이 올림픽에 출전하게 되리라는 생각에는 변함이 없었어. 우리 선수들은 팀으로도 최고였지만, 선수들 한 명 한 명을 따져 봐도 모두 최고가 분명했기 때문이야. 물론 경성 팀에 속한 선수들이 전부 올림픽에 출전할 수는 없겠지만, 최소한 절반 이상은 출전할 거라고 믿어 의심치 않았어. 그런데 정작 일본축구협회가 발표한 대표 선수 명단 16명 가운데 경성 팀 소속 선수는 김용식 단 한 명뿐이었어.

"올림픽 축구 일본 대표 선수로 경성 팀에서는 김용식을 정선수로, 김영근을 후보 선수로 결정하였다."

"아니, 그게 다야? 이런 말도 안 되는 일이……."

일본축구협회가 국가 대표 선수 명단을 발표하자 여기저기에서 화가 머리끝까지 치민 사람들이 고함과 욕설을 내뱉었어. 정말 말도 안 되는 일이었거든.

부상을 입은 선수가 생길 경우에 대비한 후보 선수 명단에 김영

근 선수가 들긴 했지만, 경성 팀 출신의 정식 선수는 단 한 명뿐이었지. 도쿄대학 팀 선수가 3명이나 포함됐고, 와세다대학 팀에서는 무려 10명이나 선발됐는데 말이야. 발표 내용을 확인하자마자 고함을 치고 욕을 해 댄 사람들의 마음을 이해할 수 있겠지?

김영근 선수는 당장 대표 팀 선발을 거부하겠다고 했어. 그런 엉터리 같은 선발을 받아들일 수 없다는 이유였지. 김용식 선수도 올림픽 출전을 포기하겠다고 했어. 함께 고생한 경성 팀의 동료 선수들을 두고 혼자서만 올림픽에 나갈 수는 없다고 말이야.

그러자 선배들이 찾아와서 타일렀어.

"용식아, 네 마음을 왜 모르겠니? 그렇지만 너만이라도 출전해야 해. 언젠가 해방이 되면 우리도 국가 대표 팀을 만들 텐데, 그럴 때 올림픽이나 월드컵 같은 큰 대회에 출전해 본 사람이 한 명이라도 있어야 할 게 아니냐? 분하고 서러운 마음은 잘 알지만, 혼자서라도 출전해서 경험을 쌓는 게 중요해. 그 경험을 나중에 우리나라 축구를 위해 활용하는 것이 네가 할 일이다."

김용식 선수는 결국 마음을 돌렸어. 내키지 않지만 일장기를 가슴에 달고 일본 국가 대표 선수로 올림픽에 출전했지. 그리고 우승 후보 스웨덴을 상대로 일본이 3 대 2 역전승을 거두고 8강까지 진출하는 데 큰 힘을 보탰어.

### 또 한 명의 스포츠 천재

김용식 선수는 우리나라 역사에서 이영민 선수와 견줄 만한 스포츠 천재였어. 이영민 선수가 야구 외에도 축구·농구·육상에서 우리나라 최고의 선수였다면, 김용식 선수는 축구 외에 스케이트 종목에서 우리나라 최고였고 체조도 아주 잘했거든.

김용식 선수는 우리나라가 일본에 나라를 빼앗긴 1910년, 황해도 신천에서 목사 김익두의 셋째 아들로 태어났어. 그 시절에 목사가 된 사람들은 대개 미국이나 유럽에서 온 선교사들의 영향을 받았기 때문에 서양 학문을 접한 경우가 많았어. 그래서 나라를 잃는다는 것이 무슨 뜻인지 잘 알았고, 일본의 속셈을 일찍 꿰뚫어 본 사람들이 많았지. 김용식 선수의 아버지 김익두 목사도 일본의 신사 참배 강요에 저항하다가 경찰서에 끌려가 한 달 동안이나 매질을 당했어.

김용식 선수는 어릴 때부터 축구를 좋아했어. 아버지는 운동보다는 공부에 힘쓰기를 바랐지만, 김용식 선수는 아버지 몰래 매일 축구를 하러 다니곤 했지. 아버지를 따라 서울로 올라와 경신고등보통학교(지금의 경신고등학교)에 입학한 뒤에는 정식으로 축구부에 들어가 활동했는데, 축구뿐 아니라 체조도 잘했기 때문에 종종 체조 대회에 나가서 상을 받아 오기도 했어.

예전에는 겨울이 지금보다 훨씬 추웠어. 지금처럼 난방이 잘되

는 곳이 드물었기 때문에 실내에 들어가도 더 춥게 느껴졌을 거야. 눈도 더 많이 내린 데다 눈을 치울 장비가 제대로 없었기 때문에, 겨울이 되면 사람들은 대개 집 안에 틀어박혀 지내면서 봄이 오기만을 기다렸지.

운동선수들에게는 겨울이 특히 괴로웠을 거야. 요즘에는 운동 시설을 잘 갖춘 실내 경기장이 있기 때문에 겨울에도 얼마든지 운동을 할 수 있지만, 예전에는 그러지 못했거든. 온통 얼어붙고 눈 쌓인 운동장에서는 달리는 것조차 힘들었으니까.

그래서 김용식 선수가 택한 종목이 바로 스케이트였어. 아무리 추운 겨울이라도 스케이트는 탈 수 있잖아. 스케이트를 열심히 타다 보니 다리 근육이 단단해져서 축구를 할 때 훨씬 힘이 붙었어.

그런데 겨울에 심심해서 시작한 스케이트를 얼마나 열심히 탔던지, 김용식 선수는 스물다섯 살 때인 1935년에 '전 조선 빙상 선수권 대회'에 출전해 1,500미터와 5,000미터, 1만 5,000미터 세 종목에서 우승을 차지하여 '3관왕'이 되었어. 신문에 이름이 대문짝만 하게 실릴 정도로 떠들썩했지. 김용식 선수도 이영민 선수 못지않은 스포츠 천재였다고 한 이유를 알겠지?

## 광주학생운동

그런데 아무리 재능이 닿아도 그 시절에 일본인들의 눈치를 보지 않고는 운동선수로 성공하기가 어려웠어. 그렇지만 혈기 왕성한 운동선수들 중에는 일본인들에게 고분고분하지 않은 이들도 많았지. 걸핏하면 일본 경찰에 끌려가서 매를 맞는 아버지를 지켜보며 자란 김용식 선수는 더욱 그랬어.

김용식 선수가 열아홉 살이 되던 1929년, 전라남도 광주에서 '광주학생운동'이 일어났어. 광주를 오가는 통학 열차에서 일본인 학생들이 한국인 여학생들의 머리카락을 잡아당기며 괴롭히자 이를 본 한국인 학생들이 항의했어. 그러다 이들 학생들 사이에 싸움이 벌어졌는데, 싸움을 말리러 온 경찰이 한국인 학생들만 처벌했

어. 이 소식을 듣고 광주 시내 대부분의 학교에서 학생들이 쏟아져 나와 차별에 항의하는 시위를 벌였고, 그 소식이 번져 나가자 다른 도시들에서도 시위와 수업 거부가 이어졌어.

김용식 선수가 그런 일에 빠질 리 없었지. 김용식 선수는 경신고등보통학교 친구와 후배들을 이끌고 시위를 벌이다가 일본 경찰에게 붙잡히자 경찰을 걷어차서 개울에 빠뜨려 버렸어. 그 때문에 김용식 선수는 학교에서도 퇴학을 당하고 말았어. 공부는 물론이고 축구도 못 하게 된 거지.

김용식 선수의 축구 실력을 잘 아는 많은 사람들은 이를 몹시 안타깝게 여겼어. 그런데 퇴학당하고 1년쯤 뒤 보성전문학교에서 입학시켜 주겠다는 연락이 왔어. 그 후 김용식 선수는 보성전문학교 팀과 경성 팀을 이끌고 여러 대회에서 우승하며 다시 축구 선수로 이름을 날렸어.

## 서른여덟 살에 단 태극 마크

대표 팀 선발을 거부하려고 할 때 말렸던 선배들의 예상처럼, 머지않아 우리나라는 해방을 맞이했어. 그리고 다시 3년이 흐른 1948년, 드디어 '대한민국'의 이름으로 참가할 수 있는 또 한 번의 올림픽(14회 런던 올림픽) 출전 기회가 왔어. 김용식 선수는 지난 베를린 올림픽에서 8강까지 올라가 봤지만, 안타깝게도 그때는 가슴에 일장기를 달고 있었지. 그래서 당당히 태극 마크를 달고 뛸 기회를 놓치고 싶지 않았어.

지난번 올림픽에 출전한 뒤로 벌써 12년이나 세월이 흘러 김용식 선수는 서른여덟 살이 되었지. 지금도 축구 종목에서는 서른여덟 살까지 선수 생활을 하는 경우가 별로 없어. 그러니 사람들의 평균 수명이 훨씬 짧고 건강과 체력을 관리하는 기술이나 장비가 거의 없던 그 시절에는 서른 살까지 선수 생활을 하는 경우도 찾아보기 어려웠지. 그런데 김용식 선수는 여전히 선수로 뛰었고, 마흔 가까운 나이에 다시 올림픽에 출전한 거야. 게다가 실력도 녹슬지 않아서, 첫 경기에서 멕시코를 5 대 3으로 꺾는 기적을 낳았어.

그다음 경기 상대는 스웨덴이었어. 일본 대표 팀 시절에 한 번 꺾어 본 적이 있었지. 김용식 선수의 강슛을 얼굴에 정통으로 맞은 스웨덴 골키퍼가 잠시 정신을 잃을 정도로 열심히 뛰었어. 그러나 결과는 12 대 0. 우리 선수들의 실력도 부족했지만, 대회가 열린 영국의 런던까지 20일 동안이나 배를 타고 가느라 체력이 바닥나 버린 탓이야. 게다가 몹시 가난했던 우리 대표 팀 선수들은 런던에 도착해서도 제대로 먹고 쉬면서 경기를 준비할 수 없었어.

뿐만 아니라 스웨덴은 그해 대회에서 우승을 차지할 만큼 강팀이었으니, 대진운도 좋지 않았던 거지.

올림픽이 끝난 뒤 김용식 선수는 어떻게 했을까? 태극 마크를 가슴에 달고 올림픽 무대에서 뛰어 보았고, 한 경기에서 기적적으로 승리하기도 했으니 이제 아무런 아쉬움 없이 은퇴할 수 있지 않았을까? 그런데 김용식 선수에게 나이란 그야말로 '숫자'에 불과했나 봐. 스웨덴에 12 대 0으로 져서 너무 분하고 억울하다며, 다음 올림픽 때 만나서 혼내 주겠다는 생각으로 선수 생활을 계속했으니까.

그러나 올림픽에 다시 출전해서 스웨덴을 혼내 주겠다던 꿈은 이루어지지 못했어. 런던 올림픽에서 돌아오고 2년 뒤인 1950년에 6·25전쟁이 일어났기 때문이야. 김용식 선수는 도저히 선수 생활을 계속할 수 없었어.

젊은 시절부터 여러 차례 외국을 오가며 영어를 익힌 김용식 선수는 미군 부대에서 통역을 맡았지. 1952년에 핀란드 헬싱키에서 올림픽이 열리긴 했지만, 여전히 전쟁 중이던 우리나라는 레슬링과 역도·복싱 같은 개인 종목에 21명의 선수만 보내고, 축구처럼 규모가 큰 선수단은 보내지 못했어. 그러자 김용식 선수도 어쩔 수 없이 선수 생활을 그만두고 대신 지도자가 되어 후배 선수들을 돕기로 마음먹었어. 그때 김용식 선수의 나이가 마흔두 살이었어.

## 김용식 선생님

오늘날 우리나라 축구 선수들은 김용식이라는 인물을 '선수'보다는 '선생님'으로 기억해. 선수로 뛰던 시절에 이룬 업적도 대단했지만, 지도자로서 한 일이 훨씬 더 많고 훌륭했기 때문이야.

6·25전쟁이 끝난 지 1년 만인 1954년에 스위스에서 제5회 월드컵 대회가 열렸어. 세계 최고의 축구 대회는 여전히 올림픽이었지만, 그 무렵 큰 인기를 끌기 시작한 월드컵에 더 많은 나라들이 참가하고 있었어. 올림픽에는 프로 선수들이 출전하지 못하지만 월드컵에는 출전할 수 있기 때문에 경기가 더 수준 높고 흥미진진했거든.

우리나라도 월드컵에 출전하기로 했는데, 그러려면 먼저 아시아 대륙 예선에서 1등을 해야 했어. 한국 국가 대표 팀 감독은 당연히 김용식 선생님이 맡았지. 그런데 아시아 예선전 결승에서 만난 팀이 하필 일본이었어. 한국과 일본에서 각각 한 경기씩 두 번 싸워서 본선에 나갈 팀을 결정했는데, 그중 한 경기는 1 대 1로 비겼지만 다른 한 경기에서 5 대 1로 승리하면서 우리나라는 처음으로 월드컵 본선에 나가게 됐어.

본선에서는 또다시 대진운이 나쁘고 체력이 약한 탓에 헝가리와 터키에 각각 9 대 0, 7 대 0으로 크게 졌어. 그렇지만 월드컵 본선에 올라간 것만 해도 엄청난 기적이라고 할 수 있어. 그 뒤로 우리나라가 다시 월드컵 본선에 올라갈 때까지는 무려 32년이나 걸렸으니까 말이야. 게다가 3년에 걸친 끔찍한 전쟁 때문에 해방 직후보다 훨씬 형편이 나빴다는 점을 감안하면 월드컵 본선 진출은 그 자체로 정말 대단한 일이었다고 생각해.

  김용식 선생님은 그 뒤로 국가 대표 축구팀과 우리나라 최초의 프로 축구팀을 지도했고, 축구협회에서도 많은 일을 했어. 새로운 축구 기술을 배우고 개발하는 일에 늘 힘썼고, 여러 권의 축구 관련 책을 쓰거나 번역해서 후배 선수들에게 도움을 주었지. 또 26세 때인 1936년 겨울부터 '1만 일 동안 쉬지 않고 매일 훈련하겠

다.'는 계획을 무려 42년 2개월 동안이나 실천했어. 그 훈련을 69세가 된 1979년에야 마쳤을 정도로 꾸준하고 철저하게 노력한 분이었지.

　오늘날 축구는 야구와 함께 한국인들이 가장 좋아하는 스포츠야. 올림픽이나 월드컵 대회가 열리면 우리 대표 팀을 응원하기 위해 수십만 명의 사람들이 서울 시청 앞 광장에 모여들곤 하니까.

그런데 우리는 언제부터 축구를 사랑하게 됐을까? 이런 궁금증을 해소하는 데는 김용식 선생님의 일생이 실마리가 될 거야. 그토록 축구를 사랑한 김용식 선생님 같은 분이 있었기 때문이기도 하지만, 나라 잃은 설움과 분노를 곱씹으며 더 열심히 공을 차고 달려야 했던 한국 축구의 특별한 경험이 있었기 때문이기도 해. 그래서 우리나라 사람들은 국내 경기보다는, 우리나라 대표 팀과 다른 나라 대표 팀의 시합 때 더 열심히 응원하는 것 같아.

1938년 일본 대표로 뽑힌 한국 선수들. 오른쪽 두 번째가 김용식 선수.

지도자로 활동하던 시절의 김용식.
**연합뉴스 제공**

일제 강점기 서울-평양 축구대회에서
사용한 축구공. 배구공과 비슷하게 생겼다.
**이재형 소장**

김용식 선수가 신은 1940년대 축구화.
**이재형 소장**

# 6

# 박신자 선수, 세계 농구 명예의 전당에 오르다

### 빗맞은 자유투

"이제 남은 시간은 1분이 채 안 됩니다. 그러나 박신자 선수, 자유투 두 개를 얻었습니다. 두 개 모두 성공한다면 역전할 수 있습니다. 자, 첫 번째 자유투…. 아! 살짝 빗나갑니다. 하지만 괜찮습니다. 남은 한 개를 성공시키면 동점이 됩니다. 자, 두 번째 자유투…. 아, 이게 웬일입니까? 박신자 선수의 두 번째 자유투도 골대를 벗어나고 말았습니다."

1964년에 열린 세계 여자 농구 선수권 대회 때 한국 여자 농구 대표 팀은 두 번째 경기에서 유고슬라비아와 대결해 막판 자유투를 얻었어. 그러나 안타깝게도 센터 박신자 선수는 끝내 동점 기회를 살리지 못했지.

골대를 맞고 튀어나온 공은 키가 190센티미터가 넘는 유고슬라비아 센터의 손에 들어갔어. 그 선수는 곧 한국 팀 골대 쪽으로 패스했고, 공을 넘겨받은 선수는 골대 안으로 여유롭게 던져 넣었지. 반드시 한 점을 얻어야 하는 순간에 오히려 두 점을 내주고 만 거야. 그리고 경기는 바로 끝나고 말았어. 60 대 57, 3점 차 패배였어.

우리 선수들은 경기가 시작되기도 전에 이미 체력이 바닥난 상태였어. 오직 정신력으로 버티며 싸운 경기였지. 그런데 결국 안타까운 패배로 끝나자 선수들은 탈진한 것처럼 그 자리에 쓰러지

고 말았어. 우리나라 여자 농구가 처음으로 출전한 세계 대회에서 예선을 통과할 수 있는 마지막 기회를 놓쳤기 때문이야.

## 세계 대회에 처음 출전한 여자 농구

1964년, 우리나라 여자 농구 팀은 처음으로 세계 선수권 대회에 출전했어. 해방되자마자 6·25전쟁을 겪은 우리나라 사람들이 폐허가 되다시피 한 나라를 간신히 다시 세워 가던 무렵이었어. 전쟁 중에 수많은 남자들이 죽거나 다쳤기 때문에, 무너진 생활을 일으키는 데에는 여성들의 역할이 아주 컸지. 어머니가 돈도 벌고 살림도 하고 아이들을 키우는 경우가 많았고, 딸들은 초등학교나 중학교 정도만 졸업하면 공장에 취직해서 하루도 쉬지 않고 일해 가며 남자 형제들의 학비를 벌었어. 더구나 남자만 귀하게 여기고 여자는 소홀히 여기는 잘못된 풍습 때문에, 아무리 능력이 있어도 남성만큼 교육받는 여성은 드물었어.

그런 시절에 여성이 운동을 하기란 정말 어려운 일이었어. 여자는 집에서 얌전하게 살림이나 배우면서 시집갈 준비를 해야 한다고 생각했거든. 많은 사람들 앞에서 땀을 흘려 가며 힘과 기술을 겨루는 것은 드세거나 천박한 여자나 하는 거라는 편견이 강했어. 어느 해 겨울에는 한강 얼음판에서 연습하던 피겨 스케이팅 선수가 경찰에 끌려간 일이 있었어. 주민들이 "여자가 사람들이 보는

앞에서 옷도 제대로 안 입은 채 요상한 짓을 한다."며 경찰에 신고했기 때문이야. 농구 경기장에서도 "여자들이 허벅지가 훤히 드러나는 옷을 입고 남자들처럼 몸싸움을 하고 뛰어다닌다."며 욕하는 사람들이 있었지.

그렇지만 아무리 사람들이 비웃고 손가락질을 해도, 그저 남자들 뒷바라지나 하면서 살고 싶지 않은 용감한 여성들이 있었어. 1964년 세계 여자 농구 선수권 대회에 출전한 대표 선수들은 모두 시대를 앞서 간 분들이었다고 할 수 있지.

## 2미터가 넘는 여자 선수를 만나다

보통 농구에서 가장 키 큰 선수가 맡는 역할을 '센터'라고 해. 골대 밑에서 패스를 받아 골을 넣거나, 골대를 맞고 튀어나오는 공을 잡아서 동료 선수들에게 넘겨 주는 역할이지. 그 대회에 참가한 우리나라 대표 팀의 센터가 박신자 선수였는데, 키가 176센티미터였어. 지금도 여성으로서는 키가 꽤 큰 축에 들지만, 지금부터 50여 년 전인 그때는 평생 가도 더 큰 사람을 만나 보기 힘들 만큼 엄청나게 큰 키였어. 그래서 국가 대표 농구팀의 센터 자리를 맡은 거야.

그런데 세계 대회에 나가 보니 다른 나라 센터들은 박신자 선수조차 한참 올려다봐야 할 만큼 키가 컸어. 대회에서 처음 만난 체

코 팀에는 180센티미터가 훨씬 넘는 센터가 있어서 깜짝 놀랐는데, 그다음에 만난 유고 팀의 골 밑에는 190센티미터가 넘는 센터가 버티고 있어서 한 번 더 놀라고 말았지. 하지만 그 정도는 약과였어. 소련(지금은 러시아와 주변 여러 나라로 분리되었어.) 팀에는 키가 무려 2미터나 되는 센터인 '사리모자'가 있었거든.

170센티미터만 넘어도 거인 취급을 하던 당시 우리나라 사람들로서는 사람의 키가 2미터를, 그것도 여성의 키가 2미터를 넘을 거라고는 상상도 못 했지. 그래서 우리나라 선수들은 기가 질리고 말았던 거야.

그러나 미리 포기하거나 겁먹을 우리 선수들이 아니었어. 농구를 시작하고 대표 선수가 될 때까지 온갖 편견과 간섭과 방해를 이겨 낸 우리 여자 선수들이야. 강한 적을 만나면 더 힘내서 도전하는 자세가 우리 선수들의 특기였다고 할 수 있어.

**아쉽지만 놀라운 체코와의 경기**

첫 경기에서 만난 체코 팀은 그해 세계 순위 2위였어. 체코 선수들은 유럽과 남미의 강팀하고만 싸워 왔기 때문에, 키 작은 동양의 선수들을 상대한다는 게 신기할 정도였어. 한국의 여성들도 농구를 한다는 사실조차 모르던 때였거든. 체코와 한국 팀이 싸우는 모습은 마치 대학생과 초등학생이 시합을 벌이는 것처럼 보였어. 키

차이가 평균 10센티미터를 훨씬 넘었기 때문에, 한번 골대를 벗어난 공은 대부분 체코 선수들의 손에 들어갈 수밖에 없었어. 그리고 체코 선수들이 높은 곳에서 공을 주고받으면 키 작은 우리 선수들은 도저히 뺏을 수가 없었지. 우리 선수들은 조금만 실수하거나 공을 골대 안에 정확히 넣지 못하면 바로 빼앗기곤 했지만, 체코 선수들은 패스도 슛도 아주 쉬웠던 거야.

하지만 우리 선수들은 체코 선수들의 손이 잘 닿지 않는 낮은 곳으로 날렵하게 움직이고, 체코 선수들보다 훨씬 정확한 슛을 던지며 맞섰어. 그렇게 끈질기게 맞서자 당황한 체코 선수들은 실수를 저지르기 시작했어. 그럴 때마다 우리 선수들이 기회를 놓치지 않고 점수를 올렸지. 63 대 63. 경기가 거의 끝날 때쯤에는 놀랍게도 동점이 되어 있었어. 세계가 깜짝 놀랄 만한 일이 벌어진 거지.

그런데 우리 선수들이 체코 선수들보다 더 체력이 떨어진 것은 어쩔 수 없었어. 연장전에 들어가자 우리 선수들의 움직임이 둔해졌고, 뒤늦게 정신을 차린 체코 선수들은 거칠게 반격해 왔어. 연장전까지 모두 끝났을 때의 점수는 77 대 72. 정말 아쉬운 5점 차 패배였어.

### 첫 세계 대회 출전에서 8위를 거두다

유고슬라비아와 겨룬 두 번째 경기도 비슷하게 흘러갔어. 유고슬라비아는 세계 5위에 올라 있는 강팀이었어. 게다가 유고슬라비아 선수들은 체코 팀이 한국이라는 낯선 나라의 조그만 선수들에게 거의 질 뻔했다는 사실을 알고 미리 준비했기 때문에 상대하기가 더 힘들었어.

우리 팀은 주전 선수들과 후보 선수들의 실력 차가 커서 선수를 교체하기 어려웠어. 그래서 주전 선수들은 몹시 지친 상태인데도 어쩔 수 없이 다음 경기에서 뛸 수밖에 없었지. 하지만 그 경기에서 이기기만 하면 상위 7개 팀이 우승을 놓고 겨루는 '승자 리그'에 진출할 수 있었어. 그렇기 때문에 선수들은 한 번 더 젖 먹던 힘까지 짜내서 경기에 임했지. 그리고 마지막 순간 역전할 기회를 잡았어. 그런데 첫머리에 이야기한 것처럼, 너무 지쳐 있었던 센터 박신자 선수가 자유투 두 개를 모두 실패하는 바람에 끝내 무릎을 꿇고 말았지.

결국 우리나라는 승자 리그 진출에 실패했어. 그러나 아직 대회는 끝나지 않았어. 승자 리그 진출에 실패한 6개 팀이 '패자 리그'에서 서로 겨루어서 8위부터 13위까지 순위를 가렸거든. 물론 패자 리그에 속한 여러 팀 중에도 우리보다 약하거나 키가 작은 팀은 단 하나도 없었어. 그러나 세계 2위와 5위 팀을 이길 뻔한 우리 선수들은 자신감이 붙었어. 이제는 어느 강팀도 두렵지 않았지. 그리고 승자 리그 진출에는 이미 실패했기 때문에 오히려 부담 없이 신나게 싸울 수 있었어.

한국 여자 농구 대표 팀은 놀랍게도 아르헨티나, 일본, 프랑스, 파라과이, 칠레를 차례로 만나 전부 이겼어. 그렇게 해서 처음으로 출전한 세계 대회에서 8위의 성적을 거두었어. 첫 세계 대회 출전임을 생각하면 아주 대단한 결과였어.

순위는 8위에 머물렀지만, 그 대회에서 가장 큰 관심을 모은 팀은 단연 우리 대한민국이었어. 대회가 열린 페루의 한 신문에는 "코리아의 경기를 보기 전에 농구에 대해 이야기하지 말라."는 제목을 단 기사가 크게 실리고, 우리 대표 팀 선수들의 사진을 담은 엽서가 불티나게 팔렸을 정도야. 비록 키는 작고 체력은 뒤처졌지만 끝까지 포기하지 않고 싸우는 모습, 무슨 일이 있어도 흥분하거나 반칙을 하지 않고 정정당당하게 경기를 치르는 모습이 외국 기자들과 관중에게 멋있게 비친 거지.

한국으로 돌아온 대표 선수들은 따뜻한 격려를 받았어. 처음으로 출전한 세계 대회였기 때문에 좋은 성적보다는 경험 쌓는 것을 목표로 삼는 이들이 많았거든. 사실 처음에는 승자 리그 진출 따위는 꿈도 꾸지 못했고, 단 한 경기라도 이길 수 있을지 의심한 사람들이 대부분이었단다.

그런데 선수들 생각은 달랐어. 세계에서 가장 강한 팀들과 겨룬 경기에서 치열하게 싸워서 아주 적은 점수 차이로 졌기 때문이야.

모두들 '조금만 더 열심히 했으면 승자 리그에 올라갈 수도 있었을 텐데.' 하며 아쉬워했어. 더구나 승자 리그 진출이 달린 결정적인 순간에 자유투 두 개를 모두 실패한 박신자 선수는 너무 상심한 나머지 선수 생활을 은퇴하려고까지 했어.

그러자 같이 뛰었던 동료와 후배들, 그리고 지도자와 심판으로 뛰고 있던 선배들이 달려와서 말렸어.

"신자야, 절대 은퇴하면 안 돼. 너 때문에 역전에 실패한 게 아니라, 네 덕분에 역전을 노릴 수 있을 정도로 따라붙었던 거야. 지금 너를 대신할 수 있는 선수는 아무도 없어. 이번에 얻은 소중한 경험을 잘 살리면 다음 대회 때는 승자 리그에 충분히 올라갈 수 있을 거야. 한 번만 더 힘을 내."

맞는 말이었어. 박신자 선수는 자기 때문에 유고슬라비아에게 졌고, 그래서 승자 리그에 진출하지 못했다고 자책했어. 그렇지만 박신자 선수가 없었다면 우리 팀이 유고슬라비아를 그렇게까지 바짝 따라붙지 못했을 거야. 박신자 선수의 활약이 얼마나 대단했던지, 주최 측은 대회에서 가장 큰 활약을 보여 준 '베스트 5'에 박신자 선수를 포함시켰어.

박신자 선수도 마음을 돌렸어. 많은 동료와 선후배의 권유 때문이기도 했지만, 다음에는 승자 리그에 꼭 진출하고야 말겠다는 목표를 세웠기 때문이야.

## 또 한 번의 도전, 드디어 기적을 이루었다

3년 뒤, 이번에는 체코에서 제4회 세계 여자 농구 선수권 대회가 열렸어. 우리나라 대표 팀은 이 대회에도 출전했고, 그 중심은 역시 박신자 선수였어. 이번에도 우리나라 선수들의 키가 가장 작은 것은 마찬가지였어. 또한 우리 팀의 살림이 가장 가난한 것도 마찬가지였지. 국가 대표이긴 했지만, 지금처럼 뒷바라지해 주는 사람들이 몇십 명씩 따라갈 수 있는 형편이 아니었거든. 우리 대표 선수들은 대회가 열리는 체코에 도착하자마자 제일 먼저 김치부터 담갔어. 체코에 머무르는 동안 식사를 담당해 줄 사람이 따로 없었기 때문에, 반찬을 미리 마련해 둬야 했거든.

연습할 시간을 쪼개 김치를 담그면서도 우리 선수들은 전혀 불평하지 않았고, 기가 죽지도 않았어. 이번에는 승자 리그 진출에 기필코 성공하겠다는 의지만이 가득했지.

이번 대회에서도 우리가 반드시 넘어야 할 산은 체코였어. 체코는 이번 대회가 자기 나라에서 열리기 때문에 여러모로 조건이 유리했어. 그리고 또다시 우리나라와 같은 예선 조에 속했지. 그러나 우리 선수들도 3년 전에 거의 이길 뻔했기 때문에 충분히 자신이 있었어. 결국 이번에는 67 대 66, 한 점 차로 짜릿한 승리를 거두며 승자 리그에 진출했단다.

이 대회에서는 6개 팀이 승자 리그에 올라갔는데, 우리가 겨루어야 하는 팀은 동독, 일본, 소련, 유고슬라비아, 그리고 우리한테는 졌지만 승자 리그에 올라온 체코였어. 우리는 이 대회에서만 두 번째 만난 체코를 또다시 꺾은 데 이어 지난 대회에서 역시 아슬아슬한 승부를 펼쳤던 유고슬라비아도 이겼어. 그리고 그 기세를 몰아 일본과 동독까지 이겨 결승에 진출하면서 정말로 세계를 깜짝 놀라게 했어. 결승전에서는 2미터의 거인 센터 사리므자 선수의 벽을 넘지 못하고 소련에 지고 말았지만, 우리나라 여자 농구팀이 당당히 세계 2위에 오른 것은 그야말로 전 세계 농구계의 기적이었어.

6·25전쟁이 끝난 지 15년이 지난 그때만 해도 '대한민국' 또는 '코리아'라는 나라를 아는 사람보다는 모르는 사람이 훨씬 많았거든. '코리아'에 대해 들어 본 사람들도 '전쟁을 치른 나라' 또는 '아주 가난한 나라'라고만 알고 있었고. 그런 나라에서 온 조그만 여자 선수들이 겨우 두 번째 참가한 세계 대회에서 2위를 차지한 것은 아무리 생각해도 놀라운 일이었지.

남자와 여자를 통틀어, 우리나라 단체 구기 종목에서 세계 대회 결승전에 올라간 것은 그해의 여자 농구팀이 처음이었어. 오늘날 우리나라에서 최고 인기 종목인 야구도 세계 대회 결승전에 오르기까지는 그 뒤로 10년 정도 더 시간이 걸렸고, 축구에서는 아직까지 한 번도 그런 성적을 거둔 적이 없다는 사실을 생각해 봐. 그러면 그게 얼마나 대단한 일이었는지 알 수 있을 거야.

## 세계 농구 명예의 전당에 오른 박신자 선수

대회가 끝나고 얼마 뒤, 자신이 꿈꾸던 모든 것을 이룬 박신자 선수는 활짝 웃으며 선수 유니폼을 벗었어. 그러고는 지도자로서 후배와 제자들을 가르치는 데 열정을 바쳤지.

그 뒤로 30년이 지난 1999년, 전 세계 농구인들이 다시 한 번 '박신자'라는 이름을 외쳤어. 그해 미국에는 전 세계 여자 농구인들 중에서 훌륭한 업적을 남긴 선수들을 기념하는 '여자 농구 명예의 전당'이 세워졌어. 얼굴과 이름을 새긴 동판을 걸고, 그 선수들의 업적을 기록해 두는 곳이야. 그곳에서 맨 처음으로 기념할 26명을 선정했는데, 그중 한 명이 바로 우리나라의 박신자 선수였거든. 비록 세계 정상에 서지는 못했지만, 아무도 도와주지 않는 가난한 환경에서 한국이라는 작은 나라의 농구를 세계 정상 수준에 우뚝 서게 한 박신자 선수의 재능과 노력, 끝내 포기하지 않은 용기를 전 세계 모든 농구인들과 함께 기억하고 기념하기로 한 거지.

물론 지금은 여성이라서 못 하는 일이 있다고 생각하는 사람은 별로 없어. 하지만 아직도 여성들은 사회 곳곳에서 남성들만큼 기회를 얻지 못 해 꿈을 포기하는 경우가 많아. 남성 중심적인 생각과 문화가 우리나라에 여전히 끈질기게 남아 있기 때문이지.

그러니 여성이 지금과는 비교조차 할 수 없을 만큼 차별받던 시절에 박신자 선수와 우리 여자 농구 선수들이 얼마나 끈질기게 노력하고 서로 격려해 주었는지 기억하고 곱씹어 볼 필요가 있어. 그런 노력을 바탕으로 지금처럼 남녀가 평등한 시대가 마련되었기 때문이고, 또 그렇게 노력한다면 우리가 이루지 못할 일이 없을 테니 말이야.

1960년대 선수 시절 슛과 드리블을 하며
활약을 펼치는 박신자 선수.
우리은행사박물관 소장

1967년 5월 7일, 여자 농구 국가 대표 팀이 제5회 세계 여자 농구 선수권 대회에서 준우승을 거두고 귀국했다. 김포공항에서 서울운동장까지 선수단을 환영하는 차량 행진이 이어졌다.
동아일보 제공

같은 날 서울운동장에서 열린 환영대회에서 국민훈장을 받은 선수단이 한자리에 모였다.
우리은행사박물관 소장

2015년 '우리은행 박신자컵 서머리그'에서 시구하는 박신자 선수.
연합뉴스 제공

징검다리 역사책 18
## 한국 스포츠 최초의 영웅들

2019년 4월 30일 1판 1쇄
2023년 5월 19일 1판 3쇄

**지은이** 김은식 | **그린이** 이해정

**편집** 강변구, 이진, 이창연 | **디자인** 진예리
**제작** 박홍기 | **마케팅** 이병규, 양현범, 이장열, 김지원 | **홍보** 조민희
**인쇄** 코리아피앤피 | **제책** J&D바인텍

**펴낸이** 강맑실 | **펴낸곳** (주)사계절출판사 | **등록** 제406-2003-034호
**주소** (우)10881 경기도 파주시 회동길 252
**전화** 031) 955-8588, 8558
**전송** 마케팅부 031) 955-8595 편집부 031) 955-8596
**홈페이지** www.sakyejul.net | **전자우편** skj@sakyejul.com | **블로그** blog.naver.com/skjmail
**페이스북** facebook.com/sakyejulkid | **인스타그램** instagram.com/sakyejulkid

ⓒ 김은식, 이해정 2019

값은 뒤표지에 적혀 있습니다. 잘못 만든 책은 구입하신 서점에서 바꾸어 드립니다.
사계절출판사는 성장의 의미를 생각합니다. 사계절출판사는 독자 여러분의 의견에 늘 귀 기울이고 있습니다.
이 책은 저작권법에 따라 보호받는 저작물이므로 무단 전재와 복제를 금합니다.

ISBN 979-11-6094-439-6 74900
ISBN 978-89-5828-647-9 (세트)